AF388839

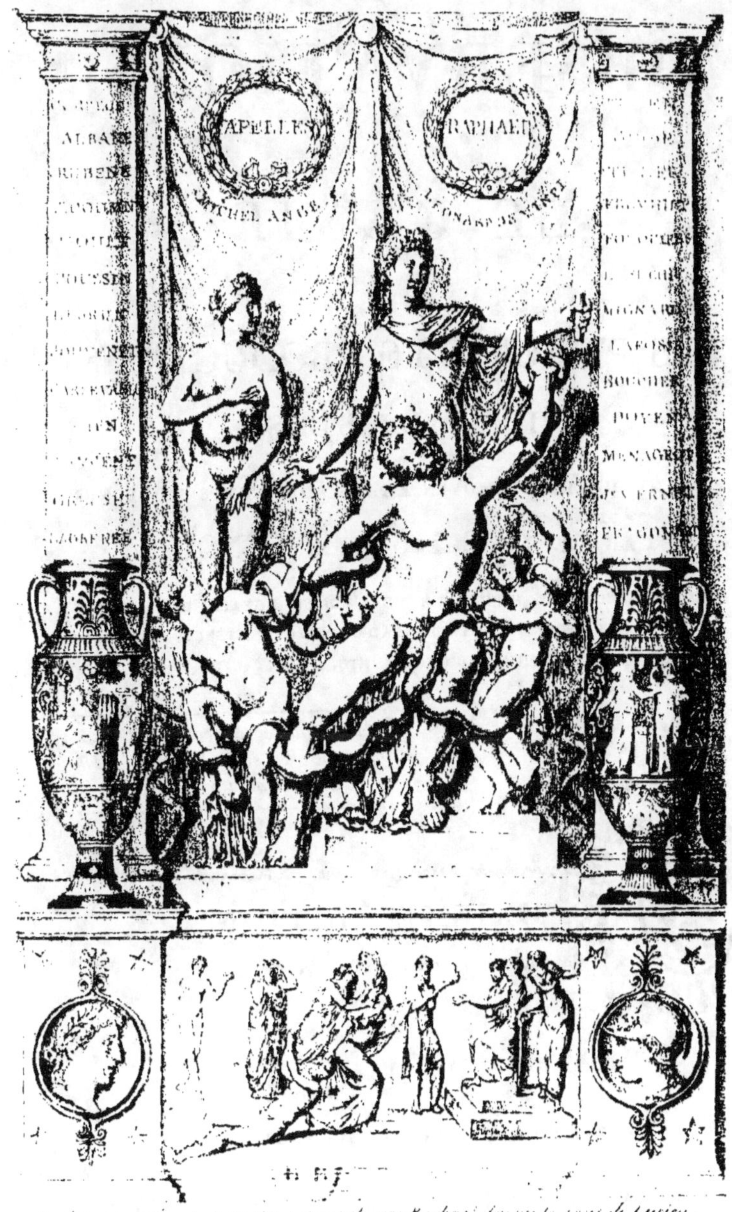
APELLES
RAPHAEL
MICHEL ANGE
LEONARD DE VINCI

OBSERVATIONS

SUR

LE GÉNIE

ET

LES PRINCIPALES PRODUCTIONS

DES ARTISTES

DE L'ANTIQUITÉ, DU MOYEN AGE ET DES TEMPS MODERNES.

PAR M. LE CHEV. ALEX. LENOIR,

ADMINISTRATEUR DES MONUMENTS DE L'ÉGLISE ROYALE DE ST-DENIS ;
MEMBRE DE LA SOCIÉTÉ ROYALE ACADÉMIQUE DES SCIENCES, DE CELLES
DES ANTIQUAIRES, PHILOTECHNIQUE, ETC., ETC., ETC.

> *L'originalité* diffère du *Génie*,
> comme *l'Esprit* diffère de *l'Ame*
> et du *sentiment*.   Chap. II.

DEUXIÈME ÉDITION.

PARIS,

CHEZ L'ÉDITEUR, RUE DE VENDOME, N° 12,

ET

BOULEVARD DU TEMPLE, N° 45, AU SALON LITTÉRAIRE.

1824.

. A Monsieur

Le Comte CHABROL DE VOLVIC,

CONSEILLER-D'ÉTAT, PRÉFET DU DÉPARTEMENT DE LA SEINE (1).

MONSIEUR LE COMTE,

Il manquait à la France un Ouvrage classique et méthodique appartenant aux Arts dépendans du Dessin ; j'ai tâché de le donner à notre Patrie sous ce titre : *Observations sur le Génie et les principales Productions des Artistes de l'antiquité, du moyen âge et des tems modernes.*

Les artistes doivent toujours se rendre raison de l'état, des difficultés et de la physionomie de chacun des Arts qu'ils veulent cultiver ; ils doivent souvent, aussi, juger par comparaison, n'envisager que des modèles choisis et propres en tout à leur rendre l'objet qu'ils cherchent à reproduire. Ces exemples, je les ai pris dans les Chefs-d'œuvre de nos Maîtres anciens et modernes, comme dans les motifs ou les conséquences probables qui ont dû concourir à leur exécution. J'ai expliqué la manière de retracer

---

(1) L'éditeur a cru devoir reproduire ici la dédicace placée en tête de la 1re édition.

les vertus ou les passions dites de l'ame, les nuances, le coloris et tous les objets de composition et d'effet, *physiques* ou *moraux*. Des recherches nombreuses m'ont conduit à faire de nombreuses citations et des applications fréquentes, à l'appui du sujet traité.

Les soins que m'a coûtés la composition de cet Ouvrage, et ceux que son exécution typographique occasionne à son Éditeur, M. *Mondor*, directeur des *Annales Françaises des Arts, des Sciences et des Lettres*, seront très-honorablement récompensés, si vous daignez, Monsieur le Comte, en agréer la dédicace. Cet hommage vous est dû : la protection spéciale dont il vous plaît d'honorer les Artistes et leurs travaux ; les encouragemens qu'ils reçoivent de vous, chaque année (1), nous sont de sûrs garans que vous accueillerez ma demande avec intérêt, et l'Ouvrage avec indulgence.

J'ai l'honneur d'être,

Monsieur le Comte,

Votre très-humble et très-obéissant serviteur,

Le Chevalier ALEXANDRE LENOIR.

Paris, le 3 août 1821.

(1) Voyez la note, au volume, pag. 92.

AVIS

DE

L'ÉDITEUR.

———

L'ouvrage que l'on va lire, extrait d'un Cours général fait par l'auteur à *l'Athénée royal des Arts*, est essentiellement classique, entièrement neuf dans la partie qu'il traite et pour le but que l'auteur s'est proposé. M. le chevalier *Alexandre Lenoir* a renfermé dans ce seul volume ce qu'on pourrait appeler LA SCIENCE ET LA SUBSTANCE DES ARTS : *toutes les qualités distinctives* de chacun des Artistes célèbres de l'antiquité et des temps modernes, et de leurs ouvrages. Chaque élève des Académies françaises et étrangères trouvera d'utiles leçons, des démonstrations nouvelles, des comparaisons et des dissertations savantes, des réflexions et des critiques fortes d'un bon jugement, fruit d'observations assidues, d'études approfondies des Arts et des Artistes de tous les âges. Plus d'un artiste habile trouvera aussi, dans cet ouvrage, des traits inspirateurs et de quoi s'instruire encore ; un style clair, concis, raisonné, gai sans licence, anecdotique parfois, et toujours par rapport à l'intelligence du sujet traité ; le tout d'accord avec la science la plus sévèrement développée, et avec la plus profonde érudition.

Les Sociétés savantes, les amateurs des Arts, les gens du monde eux-mêmes liront, sans doute avec intérêt et plaisir, ce livre qui contient l'abrégé historique et critique de la vie et des ouvrages d'hommes qui ont fait tant d'honneur à notre espèce; ils en recueilleront toujours quelques fruits agréables, et le consulteront souvent pour fixer leur propre jugement sur d'importans ouvrages.

B. MONDOR.

NOTA. *Cet ouvrage a été présenté au Roi ; S. M. l'a fait placer dans ses Bibliothèques.*

OBSERVATIONS

SUR

LE GÉNIE

ET

LES PRINCIPALES PRODUCTIONS

DES ARTISTES

DE L'ANTIQUITÉ, DU MOYEN-AGE ET DES TEMS MODERNES.

------◆◦◦◦◆------

CHAPITRE Ier.

Les caractères distinctifs du talent de *Michel-Ange*, sont : le Génie, l'originalité, et la singularité ; nous en avons un exemple dans sa grande composition du *Jugement dernier*.

Il n'y a aucun doute que la conception générale de cette immense et colossale composition ne soit le résultat d'un génie vaste, élevé, sublime ; et chaque figure en particulier porte un caractère de *singularité*, par son attitude, qui n'appartient qu'à *Michel-Ange*. Voilà donc une des qualités du génie de l'artiste dont je parle.

La seconde qualité, ou l'*originalité*, je la trouve

dans le groupe des *Démons* dans les mains desquels il a peint *Messer Biagio*, maître des cérémonies du pape *Paul III*, dont il avait à se venger. Il le peignit aux *Enfers*, tout *nu*, avec de longues oreilles d'âne, et enlassé d'un énorme serpent : le monstre tourmente *Biagio* dans la partie noble de son corps. Moins criminel, peut-être, que *Laocoon*, il éprouve cependant le même sort; moins malheureux que le prêtre d'*Apollon*, il n'a point d'enfans qui, dans leur innocence, partagent le supplice de leur père ! Le genre de torture que l'homme de génie fait éprouver à *Biagio* indique assez quel a pu être le péché auquel le maître des cérémonies de Sa Sainteté s'était particulièrement livré pendant sa vie. Voici comment on racontait cette aventure à Rome :

Messer Biagio, maître des cérémonies de Paul III, *qui l'accompagna lorsqu'il vint voir le Jugement dernier de Michel-Ange, à moitié terminé, dit à Sa Sainteté qu'un tel ouvrage était plutôt fait pour figurer dans une hôtellerie que dans la chapelle du pape. A peine Sa Sainteté fut-elle sortie, que Michel-Ange fit, de mémoire, le portrait de Messer Biagio, et le plaça en enfer.* Sa figure a toute la bassesse de l'envie ; le serpent qui fait deux fois le tour de son corps le mord cruellement dans la partie qui l'a rendu coupable. *L'idéal de ces démons,* a dit un écrivain moderne, *était presque aussi difficile à trouver que l'idéal de l'Apollon du Belvédère, et bien autrement touchant pour des chrétiens du XVe siècle.*

Biagio, furieux de se voir si indignement maltrai-té par *Michel-Ange,* porta ses plaintes à Paul III, qui lui répondit : *Messer Biagio, vous savez que j'ai reçu de Dieu un pouvoir absolu dans le ciel et sur la terre, mais je ne puis rien aux enfers; ainsi restez-y.*

L'imagination est le résultat de nos pensées mo-difiées plus ou moins par la raison, d'après nos différentes sensations, qui sont ensuite rapprochées par la *mémoire,* laquelle a la puissance de les con-server, de les reproduire à volonté, et de les com-muniquer aux autres.

Si la *mémoire* est une faculté qui a le pouvoir de recueillir et de conserver les noms et la forme des choses qui frappent nos sens, ainsi que les impres-sions que notre ame reçoit dans les différentes posi-tions de la vie ; dans le coloris d'un tableau d'his-toire, il y a de la part du peintre *imagination* et *mémoire.* Il fait encore preuve d'*imagination* et de *mémoire* dans la peinture d'un personnage ailé qui plane dans les airs, tels qu'un *Ange,* la *Victoire,* la *Renommée,* ou tout autre sujet iconologique. L'*i-magination* existera dans l'invention de la figure aérienne, et la *mémoire* dans le Dessin que le peintre sera obligé d'en faire sans le secours d'un modèle vivant. Comme on le voit, l'emploi de ces deux qua-lités est toujours nécessaire dans l'art du Dessin, il est indispensable dans l'art du Coloris.

Nous avons un exemple de ce que je viens d'avan-cer, relativement à la *mémoire,* dans les figures des bien-heureux que l'on voit dans le Jugement dernier de *Michel-Ange*. Il y a *imagination parfaite* dans l'invention de ces groupes aériens, car, l'auteur s'étant pénétré de cette vérité, que l'ame est un être de raison, il a su donner aux figures qui la repré- sentent, quelque chose d'incertain et de vague dans les attitudes ; néanmoins les mouvements qu'elles font indiquent assez qu'elles montent vers le ciel : elles rappellent parfaitement cette espèce de rève qui, dans l'illusion d'un sommeil heureux, nous fait croire à la puissance de nous enlever volontairement pour voyager dans l'air !...

En traitant de ce qui constitue l'imagination dans l'art de peindre, j'ai dû parler du *Jugement dernier* de *Michel-Ange*, car c'est l'ouvrage en peinture où l'on trouve le plus abondamment ce que j'appelle *imagination réglée*; cependant je n'en excèpte point l'*originalité !* Comme ce tableau est aussi le plus capital qui existe, je vais l'examiner avec attention. Dans cet examen, je ne considèrerai point *Michel- Ange* comme poète distingué, comme sculpteur ha- bile, ou comme un grand architecte ; je parlerai seulement du célèbre ouvrage de la *Chapelle Six- tine* auquel il doit une partie de sa gloire.

L'aspect général du tableau de *Michel-Ange* n'est pas agréable au premier coup-d'œil : jamais ce grand peintre n'a sacrifié aux grâces ! Cette multitude de figures nues, toutes dans des postures forcées, des- sinées de manière à faire valoir plutôt le jeu des muscles que la beauté des formes, et qui se détachent sur un fond bleu très-obscur, inspirent aux spectateurs un sentiment successivement combattu entre le déplaisir et l'admiration, parce que l'œil n'est pas en repos. Le génie actif de *Michel-Ange* ne pouvait se reposer ; toutes ses productions se ressentent d'une surabondance d'imagination qu'il ne pouvait contenir, et qu'il avait besoin de répandre sur la toile.

Mais il faut considérer chaque partie en détail, et c'est alors que l'on peut apprécier le talent extraordinaire de *Michel-Ange*. Dans cette production merveilleuse, il n'existe pas un groupe qui ne soit le résultat du génie, et l'on en compte jusqu'à onze. Chaque figure est un chef-d'œuvre d'expression, de sentiment, de science et d'esprit, et elles sont si nombreuses qu'il est presqu'impossible de les détailler toutes. Je sais qu'une figure nue, isolée, se prête plus facilement à la perfection de l'art; c'est ce que l'on trouve ici quand on examine le tableau figure par figure. En un mot, c'est un poème qu'il faut admirer vers par vers, après avoir été étonné de l'ensemble.

Dans une *histoire de la peinture en Italie* qu'un *anonyme* a fait paraître, il y a trois ans, on donne un long article dans lequel on essaie de prouver que le génie de *Michel-Ange* n'est que le résultat de la lecture de l'*Enfer du Dante*. Je ne partage pas l'opinion de l'auteur du nouvel ouvrage, dans lequel il se trouve de grandes hérésies sur les arts, et je ne pense pas que *Michel-Ange* ait jamais eu besoin d'être mu par les productions d'un autre pour l'invention comme pour l'exécution de ses tableaux... Je sais, et j'ai démontré dans mon *Histoire des arts ,* que l'ouvrage d'un homme de génie peut inspirer l'imagination d'un autre homme de génie, et lui faire enfanter des merveilles !... Le caractère, le génie, et surtout l'humeur austère de *Michel-Ange* le portaient naturellement vers les idées fortes et gigantesques ; il était atrabilaire et peu communicatif ; il avait la connaissance de ses forces, et pressentait *en avance* le jugement que lui réservait la postérité. La nature l'avait fait ce qu'il était ; enfin, elle avait fait *Michel-Ange !*

Ce n'est qu'après avoir vu les ouvrages de *Michel-Ange ,* que le génie de *Raphaël* s'est développé. Renfermé dans l'école de *Pérugin,* son unique maître, il avait reçu de lui une manière sèche de peindre, et un dessin dénué de grace. Frappé comme d'une lumière céleste à la vue de la chapelle Sixtine que peignait alors *Michel-Ange ,* dont un élève du grand homme lui avait facilité l'entrée, de ce moment il compara les bas-reliefs, les statues des Grecs avec les beautés de la nature, et liant avec art, à sa manière de dessiner et de peindre, le vrai avec le beau idéal, il devint un peintre sublime !

Raphaël peignant à fresque une des loges du *Vatican ,* avait fait une tête de Père-Éternel fort belle à la vérité et très-majestueuse, mais ce n'était qu'une tête humaine. *Michel-Ange* en avait fait une à la chapelle Sixtine ; et la suprême majesté , l'air *sur-humain*, le caractère sublime, la fierté di-vine qui animaient cette tête, firent sur *Raphaël* la plus profonde impression. Plein du beau idéal qu'il vient de saisir, il retourne à ses travaux, et fait un Dieu!

Michel-Ange fut voir à son tour la peinture de *Raphaël*, dans le petit Farnèse, dans un moment où il n'y était pas, et pour lui faire connaître qu'il était venu, il dessina au charbon une tête de Faune dans un coin du plafond. *Raphaël* en la voyant s'é-cria que ce ne pouvait être que *Michel-Ange* qui eût fait le dessin; il le respecta, et ne mit rien à sa place. On le voit encore.

On conçoit qu'une réunion aussi considérable de personnages nus, ainsi que le fait voir le grand ta-bleau de *Michel-Ange* dont je parle, n'offre rien d'agréable; il provoque l'étonnement, et l'on con-viendra que la composition générale telle qu'elle a été conçue, présente le coloris qui convenait au sujet. *Michel-Ange* a donc atteint le but?... Voilà le génie!

Michel-Ange mit huit ans à peindre ce grand ou-vrage, il le découvrit pour la première fois le jour de *Noël*, l'an 1541; il avait alors soixante-sept ans. Comme je l'ai dit, au premier aspect, la composi-tion de cet immense tableau présente une confu-sion telle que l'œil distingue à peine les figures qui en forment l'ensemble. Les divers groupes de ce chef-d'œuvre, cumulés pour ainsi dire les uns à côté des autres, dessinent quatre plans différens placés par étages, comme cela se voit dans quelques bas-reliefs antiques. Sans avoir égard à la manie que *Michel-Ange* avait de tout rapprocher, de tout faire ressortir également, la confusion qui frappe d'abord dans son *Jugement dernier* vient de ce qu'il n'avait aucune pratique de la perspective aérienne, et que, n'ayant jamais étudié sérieusement l'art du coloris, il n'a pas su donner l'enfoncement nécessaire aux groupes les plus reculés, comme la saillie convenable aux sujets qui tiennent les premiers plans. Les personnages placés dans le ciel, comme ceux qui reposent sur des nuages, avancent autant à la vue que les hommes qui sortent de la terre sur le devant de la scène, ainsi que les démons nautonniers qui dirigent une grande barque sur les flots, et à la tête desquels se montre *Lucifer* tenant un aviron dans l'attitude d'en frapper les réprouvés qu'il conduit en enfer. Le tableau de *Michel-Ange* pourrait donc se comparer à un *multipliant* qui nous montre trop d'objets à-la-fois. Cette même confusion existe à la vérité dans la chute des Anges, peinte par *Rubens* pour la galerie de *Dusseldorf*; mais comme l'art du coloris est poussé au dernier période dans l'ouvrage du peintre flamand, chaque groupe est à son plan, chaque figure à sa place; l'œil n'est ni trop ni trop peu occupé; il prend du repos, et ne se fatigue jamais.

Dans les deux parties cintrées du tableau, on voit des groupes d'Anges. Ceux de la gauche du spectateur, figurés dans diverses postures, sont chargés de la croix de *Jésus-Christ* qu'ils portent au *ciel*. Le poids prodigieux de cet instrument du plus affreux supplice, est indiqué par les efforts qu'ils font, et par les attitudes qu'ils prennent. Les autres, dans une position plus calme, portent l'échelle, la couronne d'épines et les clous. Les anges de l'arcade de droite enlèvent la colonne du Prétoire à laquelle *Jésus* fut attaché lorsqu'il reçut la flagellation ; les autres tiennent l'éponge et la lance. Tous ces attributs caractéristiques de la Passion du Sauveur, sont ainsi portés en triomphe pour être déposés au pied du trône de *Dieu*. *Michel-Ange* s'est distingué dans cette partie de son ouvrage, par la pureté des formes, par la beauté des physionomies, et la variété des attitudes.

Au-dessus de ces groupes célestes, *Jésus-Christ*, debout sur un nuage, environné d'une lumière divine, ayant à sa droite la *Sainte-Vierge* dont l'attitude exprime la tendresse d'une mère pour son fils, paraît au milieu de sa gloire et de son triomphe. Juge sévère et impassible, il va prononcer sur la *vie future* des vivants et des morts... Ce jugement, irrévocable, est pour l'éternité!... Le cortège du Fils de Dieu se compose des ames vertueuses, je veux dire des *Saints* et des *Saintes :* rangées en cercle autour du vrai Dieu de gloire, elles goûtent des plaisirs ineffables; elles foulent aux pieds les grandeurs humaines; elles sentent qu'elles sont heureuses, et qu'elles le seront toujours. La milice céleste, bénévole, conservatrice de son maître, se presse, se serre et se lève autour de lui comme un rempart contre toute infraction à ses ordres.

Jésus-Christ, la main levée, semblable à son père qui, du haut des cieux, voit le monde entier comme un néant, juge les humains en dernier ressort. Dans sa sagesse incommensurable, il récompense la vertu et punit les vices. C'est ainsi que *Michel-Ange,* inspiré lui-même de l'impassible puissance du Fils de Dieu, sous des formes pures, sévères, mais divines, nous peint le *Roi des Rois.* *Énoch* et *Saint Pierre* sont placés à sa droite et à sa gauche. Des formes énergiques caractérisent le *patriarche* de l'ancien Testament, et l'*apôtre* du nouveau. Au-dessous d'eux, *Saint Laurent* avec son gril ; *Saint Barthélemy* tenant à la main sa propre peau, *Sainte Catherine* appuyée sur une roue, *Saint Blaise* et beaucoup d'autres martyrs armés des instrumens de leur supplice, assis sur des nuages, et sur un plan plus bas précédant le tribunal du Juge suprême. Des groupes multipliés de bienheureux, les hommes à droite et les femmes à gauche, se réunissent aux autres groupes, et fortifient le rempart dans lequel *Jésus-Christ* est enfermé.

Dans le lieu de délices dont je viens de parler, la beauté sur-humaine des femmes surpasse l'imagination. Unies entr'elles par l'amitié pure, enivrées de plaisirs, inaccessibles à la jalousie, et sans faiblesses, elles chantent les louanges du Seigneur ! elles le contemplent et le révèrent continuellement. Les hommes, sous des formes athlétiques, sont là comme autant de sentinelles postées pour la défense du Dieu vivant ; et, dans leur extrême félicité, ils soutiennent de leur voix mâle et sonore, la mélodie du concert céleste.

Plus bas, vers le centre du tableau (et c'est ici où le génie de *Michel-Ange* se montre tout entier), des Anges armés de trompettes sonnent le signal de la résurrection ! Comme le veut l'Écriture, les bons sont à droite et les méchans à gauche. Au bruit des instrumens, la confusion générale commence ; la terre s'ouvre, les morts sortent pêle-mêle de leur sépulcre.... L'imagination terrible et exaltée de *Michel-Ange* nous fait voir des squelettes qui se couvrent de chair ; des rois sans couronnes, et des princes sans dignité, confondus avec d'autres hommes ; des femmes dans les bras de leurs maris, des enfans qui embrassent leurs pères, des religieuses en extase et des solitaires à genoux !!! Les puissants de la terre, les rois, les princes et les conquérans sont représentés, par *Michel-Ange*, dans une attitude suppliante, pour exprimer, sans doute, que la vraie gloire n'appartient qu'à *Dieu*, parce que lui seul est véritablement juste, et qu'il n'emploie jamais sa force que légitimement.

Les ames douces et vertueuses, débarrassées de leur linceul, s'élèvent d'elles-mêmes, et montent sans effort vers les régions célestes ! Les êtres pervers, au contraire, flottant dans le crime, agités dans le remords, expriment la douleur qui les oppresse par des mouvemens convulsifs, par des attitudes gênantes et forcées. Les crimes dont ils se sont rendus coupables, pendant leur vie , sont dessinés sur leurs visages , et exprimés par les poses savantes que leur a données *Michel-Ange*. Des démons furieux , à face hideuse , les pressent , les agitent , les prennent par les bras , par les jambes , et les saisissant au corps , les entraînent brusquement vers la barque infernale , d'où ils sont ensuite précipités dans les enfers.

Enfin, ce tableau extraordinaire et gigantesque , varié par les attitudes différentes des personnages, et les expressions savantes que l'on y remarque, par la beauté et la vigueur du dessin , mérite d'être considéré comme le premier tableau du moyen âge. Par cette production étonnante, *Michel-Ange*, devenu en quelque sorte le rival des peintres de l'antique Grèce, reçut le titre glorieux de chef suprême de l'école des temps modernes.

CHAPITRE II.

Dans mon chapitre sur *Michel-Ange*, j'ai traité du *génie*, de l'*originalité* et de la *singularité* que montre le grand homme dans son immortel ouvrage du *Jugement dernier* (1). Avant de parler des autres productions en peinture et en sculpture du même auteur, dans lesquelles se trouvent les mêmes caractères, il est bon de faire connaître ce qui constitue le *génie*, l'*originalité*, aussi bien que la *singularité*, dans les lettres comme dans les arts. Le discours que je propose ici à mes lecteurs, divisé en plusieurs chapitres, paraîtra tel qu'il a été conçu et prononcé à l'*Athénée*; il servira de définition à des questions qui ont été présentées l'année dernière, à la Société philotechnique, par l'un de ses membres. Je présenterai successivement dans cet ouvrage, les questions dans l'ordre où elles ont été proposées; et je donnerai mes définitions en m'appuyant des pro-

(1) On aurait dû, sans doute, publier les différentes questions dont il va être parlé, et que l'on peut, en quelque sorte, considérer comme un code de doctrine, avant d'analyser ce chef-d'œuvre, présenté avec raison comme un premier modèle d'études ; mais comme ce morceau avait été lu dans une société savante, et que les chapitres qui suivent ne l'ont pas été, quoiqu'ils fissent partie du travail de l'auteur; il a cru devoir par cette considération, et pour honorer le maître le plus classique de l'antiquité, exposer son principal chef-d'œuvre en première ligne, dans un livre destiné à l'instruction dans les arts.   Note de l'Édit.

ductions de nos grands maîtres, telles que je les ai soumises à la société dont j'ai l'honneur de faire partie.

La première des questions est ainsi conçue : *Qu'est-ce que l'originalité dans les lettres et dans les arts dépendans du Dessin ?*

Je commence ainsi, et je pose en principe :

CE QUE L'ON DOIT ENTENDRE PAR ORIGINALITÉ DANS LES ARTS.

Définitions préliminaires.

Le mot *originalité* venant du mot *origine*, ou *création*, doit s'entendre, dans les lettres et dans les arts, non-seulement de tout ce qui appartient à l'invention, mais encore à l'exécution ; parce que dans l'exécution il y a une sorte d'originalité : c'est une portion du génie, sans être cependant le génie lui-même.

L'originalité, dans les productions des arts dépendans du Dessin, consiste dans la façon de concevoir un sujet, et surtout dans la forme qu'on lui donne. Elle existera dans l'invention des figures principales mises en action, comme dans les épisodes qui concourent à l'ensemble du sujet traité. L'originalité se montrera également dans le style, dans les expressions, dans l'art de draper les figures, et dans le choix des formes qui existent dans la nature. Enfin, elle se présentera partout, soit que l'artiste rende le sujet qu'il aura choisi avec de la couleur, du marbre, de la pierre, du bronze, du bois ou du crayon, soit qu'il trace le même sujet sur le cuivre avec un burin.

L'*originalité* est le produit matériel des sensations de l'âme, comme le *génie*.

On entend par *génie*, dans les lettres comme dans les arts, un sentiment supérieur, surnaturel, émané de la Divinité, qui, à l'aide de l'observation, fait que l'on donne l'expression juste et vraie de la nature à tout ce que l'on invente. Le génie n'a pas de limite, il embrasse tout l'univers.

Le génie s'entend aussi de la conception générale du sujet que l'on traite, soit d'invention, soit d'imitation. Dans ce cas là, il n'existe réellement que par un rapport parfait entre les parties qui concourent à l'ensemble du sujet traité, quoiqu'elles soient souvent séparées en apparence ; et il se fortifie par une application précise des formes et des expressions qui sont éparses dans la nature. Ainsi, le génie réunit, par sa seule et unique puissance, toutes les parties nécessaires à la création et à l'exécution d'un sujet qui aura été donné, ou que l'on aura choisi.

L'originalité diffère du génie comme l'esprit diffère de l'ame ou du sentiment.

Le *génie* est distinct de l'*esprit* ; car on peut avoir du génie sans esprit, et de l'esprit sans génie.

Dans certains cas, l'originalité dans l'art de peindre, de sculpter, de dessiner ou de graver balancera la verve et l'esprit que l'on aime à trouver dans la poésie et dans la littérature. C'est un trait noble, sentimental, fin, saillant ou burlesque, qui attire, qui repousse, qui provoque le rire, la pitié, le pleurer ou le dégoût selon la manière dont l'aura présenté le peintre, le statuaire ou le dessinateur.

L'originalité n'est pas le *beau*. Ce sont des qualités différentes, essentiellement distinctes dans les arts.

Ce que l'on appelle *beau* dans les arts dépendans du dessin, est la réunion dans un seul cadre, ou sur un seul point, des formes perfectionnées qui se trouvent distribuées dans toute l'étendue de la nature.

Il y a deux genres de beauté : la *beauté ordinaire* et la *beauté idéale*.

Le beau ne peut être considéré comme perfection, que dans le cas où le choix que l'on fait des formes de la nature s'appliquent essentiellement au sujet que l'artiste traite. Sans cette application nécessaire et raisonnée le beau n'existe pas.

Le beau idéal, si bien senti et si habilement exprimé par les statuaires grecs, n'est autre que le choix des belles formes éparses dans la nature, réunies sur un même sujet. Mais, ce que l'on appelle *beauté idéale* dans les arts, ne peut être qu'une, puisqu'elle est le résultat d'une grande combinaison d'idées, d'une grande recherche dans les formes; qu'elle s'entend d'une beauté parfaite qui est au-dessus du naturel, et qui ne se trouve que par partie dans la nature.

Le *génie* et le *beau* n'ont aucun rapport. Quand le beau accompagne le génie, c'est la *perfection*.

Le *beau* ne peut pas être l'*originalité*, parce que le beau n'est que la parfaite imitation de la nature.

L'originalité est distincte de la perfection, comme elle est distincte du génie ; elle a un caractère qui lui est propre.

L'originalité n'est pas la *singularité*, comme on pourrait le supposer. Dans les arts dépendans du dessin, l'originalité est la démonstration matérielle d'un sentiment qui tire sa substance de l'organisation plus ou moins perfectionnée de l'artiste qui crée. Elle sera variée dans les inventions comme dans le choix des formes, ainsi que dans le coloris lorsqu'il s'agira de peindre. En général, elle montrera autant de varientes qu'il existera de productions d'artistes différens. L'originalité de *Raphaël* ne sera pas celle de *Léonard de Vinci*, ni celle de *Michel-Ange*. L'originalité de *Titien* ne ressemble en rien à celle de *Rubens ;* comme celle de *Bamboche*, de *Brughels d'Enfer*, ne sera pas celle de *Teniers* ou de *Callot*. Par la même raison, l'originalité de *Nicolas Poussin* n'a aucun rapport avec celle de *Le Sueur*, de *Le Brun* et de *Jouvenet ;* car alors elle cesserait d'être *originalité*.

Il résulte de tout ceci, que ce que l'on appelle originalité dans la poésie comme dans les arts dépendans du dessin, caractérisera chaque individu qui s'occupera de l'un ou l'autre art. Ainsi, l'originalité plus ou moins prononcée appartiendra à tous les hommes, lorsque le génie, unique dans son essence et dans ce qui le constitue, sera l'apanage du plus petit nombre.

Dans mon article sur *Michel-Ange*, j'ai fait connaître son tableau du Jugement dernier ; je vais dire un mot d'une composition allégorique du grand homme où le *génie*, l'*originalité* et la *singularité* se montrent encore une fois ; elle représente une épisode de la fin du monde ; elle a été gravée par le célèbre *Marc-Antoine*, et copiée par un graveur florentin.

Sur le devant du tableau, on voit l'orgueil, ou le génie de la vie humaine, figuré par un personnage gigantesque. Appuyé sur un globe, il est assis sur un cube caverneux, symbole de la terre, dans l'intérieur de laquelle sont figurés treize masques de différentes formes, indiquant les sexes et les conditions de la vie ; ils sont là comme un symbole de la fausseté, ou du mensonge, qui régit toutes choses dans le monde.

Le *génie*, que l'on peut supposer, d'après son attitude, s'être endormi au milieu des vices, car il en est entouré, est réveillé subitement par la trompette du jugement dernier qu'un ange sonne près de son oreille ; il n'en est pas ému, et le sort qui l'attend l'inquiète peu. Cependant, les péchés auxquels il s'est livré avec complaisance pendant sa vie sont figurés dans le vague de l'air. A sa droite, sont dessinées la *gourmandise*, et la *luxure* auprès de laquelle le peintre a représenté les douceurs de la *maternité*, comme pour atténuer l'horreur du vice qu'il a figuré d'une manière trop visible. A la gauche, *Michel-Ange* a représenté *l'avarice*, la *colère* et la *paresse*.

Enfin, dans ce bel ouvrage, il y a du *génie* dans la conception du sujet, qui est entièrement de l'invention du peintre; il y a de l'*originalité* dans la distribution comme dans l'agencement des groupes, et de la *singularité* dans l'action des personnages qui sont en scène. (1)

Michel-Ange, aussi grand sculpteur qu'il était peintre habile et savant dessinateur, fit en marbre, pour le tombeau du pape *Jules II*, deux esclaves et une statue de *Moïse* que l'on considère comme des chefs-d'œuvre. Les deux esclaves passèrent en France; la statue de Moïse est restée à Rome. Je vais dire un mot de ce chef-d'œuvre de style et de composition.

Une statue de *Moïse* parut à *Michel-Ange* un sujet propre à exercer son génie et à faire valoir les moyens qu'il possédait en invention et en exécution. Il a rempli son but.

Le législateur des juifs est représenté assis, mais avec noblesse. Il a l'expression sévère d'un sage qui s'occupe de la conduite d'un grand peuple; sa tête

---

(1) La gravure originale de cette composition énergique et savante, décrite ici pour la première fois, est rare à trouver belle d'épreuve; cependant la copie dont j'ai parlé, étant plus facile à rencontrer, est dans les mains de tous les artistes qui savent apprécier le grand mérite de *Michel-Ange*.

est levée, et son regard assuré en impose ; sa bouche, quoique fermée, est pleine de feu ; son âme est sur ses lévres. *Moïse,* appuyé du bras droit sur les tables de la loi, attend avec confiance les ordres d'un *Dieu* tout-puissant qui va sanctionner son ouvrage. Et, pour mieux exprimer encore la méditation, *Michel-Ange* figure *Moïse* relevant, de la main gauche, sa longue barbe dont les méches abondamment ondulées descendent jusques à la naissance des cuisses. Les bras seulement sont nus, le reste du corps est couvert. Cette statue, l'une des plus belles productions de l'art, dans les temps modernes, est marquée du sceau de *Michel-Ange ;* je veux dire qu'elle fait voir du *génie,* de l'*originalité* et de la *singularité.* Il y a du génie, dans la conception générale du sujet traité ; de l'originalité, dans l'ajustement du personnage ; et de la singularité, dans les traits donnés au visage de *Moïse.*

Les deux autres statues du même auteur, également faites pour le tombeau de *Jules II,* parent et ami de *Raphaël,* et qui, pendant sa vie, fut le plus zélé protecteur des arts, sont aussi des chefs-d'œuvre. Je dirai bientôt comment elles passèrent en France, et comment je suis parvenu, en 1793, à les conserver.

Je considère les deux esclaves de *Michel-Ange* comme des modèles parfaits, propres à indiquer aux étudiaus en sculpture la parfaite imitation du *nu.* Le moelleux des chairs est bien rendu ; et la connaissance des muscles, indiquée avec un grand art. *Michel-*

Ange a exprimé avec un talent inconcevable, dans les deux personnages, deux sentimens bien différens. L'un est triste, abattu et accablé du poids de l'esclavage qu'il redoutait ; c'est un beau jeune homme, dont les formes sveltes et coulantes peignent à la fois la grâce, la douleur et la sensibilité. Cette dernière expression est très-bien caractérisée par la main qu'il porte au diaphragme, indication symptomatique du mal-aise de son ame. L'autre, figuré dans la vigueur de l'âge, donne une idée complète de la force et de la plus grande énergie de l'homme ; ses formes sont raccourcies sur elles-mêmes ; sa fureur est au comble, et se montre autant par son attitude que par son expression. Enfin, ces chefs-d'œuvre de l'art qui décorent aujourd'hui le musée du roi, impriment à ceux qui les voient l'idée du sublime et du terrible dont leur auteur était animé. Ici, il n'y a que de la beauté, point d'originalité, et encore moins de singularité. Voici comment ces statues passèrent en France, et comment elles y ont été maintenues jusqu'à présent.

Jean *Bullant*, sculpteur et architecte habile, mort en 1578, a bâti le beau château d'Ecouën, qu'occupait le connétable Anne de Montmorency. Cet architecte, comme nous l'apprend *Ducerceau*, son contemporain, dans son ouvrage sur les Monumens publics, avait placé dans la grande cour du château les belles statues de *Michel-Ange*, données au connétable par le roi *François I.*^{er}, qui les avait reçues en présent de *Robert*

Strozzi. Elles furent enlevées à cette famille par le *cardinal de Richelieu.* Ce ministre les fit transporter et placer dans son château de Richelieu, en Poitou, d'où elles furent retirées vers la fin du siècle dernier, pour être placées à Paris dans le jardin du dernier maréchal de ce nom, où je les ai dessinées peu de temps avant la révolution ; car ce grand seigneur, ami des arts, accueillait favorablement tous les artistes qui se présentaient chez lui. Après la mort du maréchal, sa veuve les fit passer dans une maison qu'elle habitait faubourg-Saint-Honoré, d'où elle émigra avant de leur avoir donné une destination définitive.

Ces chefs-d'œuvre ainsi abandonnés dans une écurie avec plusieurs statues antiques, du nombre desquelles était le beau *Bacchus* grec, qui est aussi au musée du roi, allaient être vendus par un commissaire du gouvernement qui n'en connaissait pas le prix, lorsque j'empêchai une vente qui pouvait les faire passer chez l'étranger. Voilà comment j'ai conservé à la France des monumens précieux dont *François I.er* n'aurait jamais dû disposer.

Dans un prochain article, je rapporterai les Questions proposées sur l'*Originalité dans les Arts* ; et je donnerai mes définitions, en m'autorisant des autres productions de *Michel-Ange,* de celles de *Raphaël,* et des autres grands maîtres.

(*Extrait du 5.e cahier du VI.e volume des* Annales françaises *des Arts, des Sciences et des Lettres.*)

CHAPITRE III.

Dans un discours préliminaire, inséré dans le dernier numéro de nos *Annales*, j'ai présenté à mes lecteurs quelques idées générales sur les diverses questions qui m'ont été adressées à la suite de celle-ci : *qu'est-ce que l'originalité dans les lettres et dans les arts ?* De cette première question, naissent des conséquences sur lesquelles on demande des explications. Je vais donc suivre chaque proposition telle qu'elle se présente ; mais avant d'entrer en matière, il sera bon d'en rapporter le texte tel qu'il a été conçu.

D'abord, on suppose que l'*originalité* peut être le *beau*, et on a soin de prévenir que le mot *originalité* dans la langue des arts, doit se prendre en bonne part, et on termine les deux premiers paragraphes du discours, par dire : *qu'il faut avoir du génie pour être original.* Voici comment l'amateur des arts pose les questions sur lesquelles il m'interroge.

« . . . . . . Il ne s'agit ici que de l'originalité dans les
» beaux arts, et dans cette section, je m'arrête à un
» seul point de théorie ; je me borne à une simple ques-
» tion » :

« Si rigoureusement l'*originalité* est le *génie*, suppri-
» mez le mot, il n'en faut pas deux pour exprimer une
» même chose. Si l'originalité est le *beau*, faites encore,
» et par les mêmes motifs, cette supression ».

« Mais je me livre à une supposition trop avide-
» ment gratuite. On sait bien que dans aucune langue

*

» il n'existe pas de vrais synonymes : les mots sont en-
» fans du besoin, et quel besoin y a-t-il jamais eu de
» créer des mots doubles » ?

« Si donc il est entre ceux-ci quelques nuances ;
» si l'*originalité* est autre, telle imperceptible que l'on
» supposerait la nuance, dès-lors ne supprimez rien ;
» mais cherchez une définition, bien qu'une définition
» ne fut jamais aisée ».

DÉVELOPPEMENS.

Comme je l'ai dit dans mes définitions préliminaires : *l'originalité* n'est pas le *beau*. L'originalité et le
beau sont deux qualités essentielles dans la pratique
des arts dépendans du dessin ; mais elles sont distinctes et ne doivent pas se confondre.

L'*originalité* n'est pas le *génie* ; elle est fille de l'imagination et des dispositions naturelles, aussi bien que
la *singularité*. Ce que l'on appelle *originalité* dans les
lettres comme dans les arts, est une qualité qui distingue essentiellement une production des autres productions. Avant d'aller plus loin, je ferai connaître ce qui
constitue le *beau*, et la *grâce* compagne fidèle de la
beauté, pour revenir ensuite à la définition de l'originalité.

§. 1.er Ce que l'on appelle beau dans les arts, est la
réunion dans un seul cadre ou sur un seul point, des
formes perfectionnées qui se trouvent distribuées dans
toute l'étendue de la nature.

Le beau ne peut être considéré comme perfection,
que dans le cas où le choix que l'on fait des formes de

la nature, s'applique essentiellement au sujet que l'artiste traite. Sans cette application nécessaire et raisonnée, le beau n'existe pas. Cette première définition est
pour tous les arts soumis aux règles de dessin. *L'Apollon du Belvédère* est vraiment beau, parce que non-
seulement les formes dont il se compose, sont ce que
l'homme considère physiquement, offre de plus parfait,
mais encore parce que ces formes ont un rapport iden-
tique avec le sujet traité ; en conséquence, cette statue
sera un modèle de la perfection mâle. Il en est de même
de la *Vénus de Médicis*, considérée avec raison comme
un chef-d'œuvre de l'art, et comme l'image la plus parfaite de la femme. Cette statue antique est donc dans
un sexe différent ce qu'est l'Apollon en homme, c'est-
à-dire, le type de la beauté.

*La beauté dans l'art du dessin, n'a pas plus été trou-
vée chez les Grecs, qu'elle ne le sera jamais ailleurs,*
comme on l'a imprimé dans un livre intitulé : *Histoire
de la Peinture en Italie*, dont j'ai parlé dans mon premier article. La beauté n'a pas de patrie, elle appartient à tous les peuples ; mais elle sera toujours subor-
donnée à la civilisation, et relative à la nature de
l'homme et de la femme suivant le point qu'ils occupent
dans l'immensité du globe. Cependant, en songeant au
climat tempéré de la Grèce ; je dis : heureux le berger,
qui, dans les champs de Syracuse, contemplait à loisir
les charmes de Vénus elle-même qui, tous les jours,
s'offrait à ses regards sous les traits de la vigueur, unis
à la grâce et à la beauté ! De ce moment, la déesse reçut
le surnom de *Callipyge*. En effet, si l'on considère la

statue de Vénus, désignée par le nom de *Callipyge*, on verra combien elle est supérieure aux autres statues antiques, dans cette partie du corps que la déesse se plaisait à montrer au berger grec ; complaisance qui lui valut des temples, des autels et la belle statue dont je parle. Si, dans mon admiration pour les ouvrages de l'antiquité, je porte mes regards sur la Diane chasseresse, à la taille noble, élancée et légère, du musée du Roi et découverte en France, dans le *seizième siècle*, je m'incline devant la pudeur virginale de la sœur d'Apollon, et je dis : elle est aussi la *beauté parfaite*.

La beauté est une qualité essentielle dans les arts dépendant du dessin ; *elle ne tombe pas du ciel*, comme on le dit, dans le livre déjà cité ; fille du goût, elle est le résultat de l'observation la plus sévère, du tact le plus fin et d'une combinaison bien réglée dans l'exécution.

La beauté dans les arts s'établit lentement, et, par l'étude, elle est le fruit de l'observation. Si la beauté a été long-temps l'apanage des Grecs, c'est qu'ils étaient parvenus à la fixer par des règles certaines et invariables, mesurées et en quelque sorte géométriques ; d'ailleurs, la nature du climat, les habitudes, la manière de vivre des Grecs, et la perfection des formes chez les individus : tout ce qui se présentait à la vue, à l'imagination comme à la pensée de l'artiste, était pour lui un objet parfait à imiter, et par conséquent à peindre ou à sculpter.

Le beau idéal, si bien senti et si habilement exprimé par les Grecs, n'est que le choix des belles formes éparses dans la nature, réunies dans un même sujet. Comme je viens de le dire, il y a autant d'espèces de beautés qu'il y a de nations différentes sur la terre ; mais ce que l'on appelle *beauté idéale* dans les arts, n'est qu'une, parce qu'elle est le résultat d'une grande combinaison d'idées, d'une grande recherche dans les formes, et qu'elle s'entend d'une beauté parfaite, qui ne se trouve dans la nature que par partie. La beauté idéale ne peut donc être l'apanage que d'une nation parfaitement civilisée, chez laquelle l'art du statuaire ou du peintre, sera porté au plus haut degré de perfection. On remarquera encore, que les sculpteurs grecs, dans leurs statues, passaient les détails que présente le modèle vivant ; ils les sacrifiaient à la noblesse et à la beauté, pour donner aux formes plus de simplicité, plus d'élégance et de développement.

§. II. Ce je ne sais quoi, que l'on appelle *grâce*, dont l'effet est général et dont la cause est un **mystère**, *la grâce plus belle encore que la beauté,* n'a lieu dans un sujet ou dans un objet quelconque, que par la perfection qui existe dans chaque partie dont le corps ou l'objet qui les réunit se compose, et que par une combinaison parfaite et harmonieuse entre les parties et le corps. On en trouve des exemples dans les hommes et dans les femmes, même dans les animaux, ainsi que dans les statues antiques et les peintures de nos grands maîtres.

Le goût, le compagnon fidèle de l'harmonie et de la grâce, n'existe que par elles et ne les abandonne jamais ; il est le résultat de la perfection, de nos sens et de la rectitude de nos idées. La grâce, fille de l'harmonie, anime le sujet qui la possède ; elle l'échauffe et lui donne un charme agaçant, que l'on préfère à la beauté. Généralement on dira : *il y a plus de grâce dans la Vénus de Médicis, que dans la Diane.* En effet, l'expression gracieuse si bien rendue par la pose et la morbidesse des formes de la statue de la Vénus, est la vraie grâce que fait naître le premier sentiment de l'amour.

La statue de Diane a cette grâce noble et sévère qui en impose, sans cependant repousser. La noblesse, dans sa sculpture comme dans sa peinture, consiste dans l'attitude et dans le port des personnages représentés aussi-bien que dans le choix des formes, dont ils se composent. La sévère et chaste Diane ne supportait jamais la plus légère offense, faite à ses vertus ; Actœon, qui osa la surprendre au bain, éprouva bientôt le juste châtiment de son impudence.

La *Vénus* dite *de Médicis* nous donne une idée parfaite des formes sur-humaines, l'apanage unique des dieux et des déesses. Que de grâces dans les mouvemens ! quelle souplesse et quelle pureté dans les contours ! c'est la perfection idéale ; c'est Vénus naissante formée de l'écume éblouissante de la mer ; c'est Vénus vierge, simplement animée, exempte de passions. Etonnée de se voir nue, elle s'incline doucement et cherche à cacher avec la main ce qu'une femme décente rougit de montrer ; ce mouvement naturel est très-bien exprimé par Ovide :

Ipsa Venus pubem, quoties velamina ponit,
Protegitur lœvá semireducta manu.

Dans mon admiration pour ce chef-d'œuvre, je dirai : *est-elle vêtue ? elle est belle; est-elle nue ? elle est la beauté.*

C'est cette expression d'innocence parfaite, que M. le chevalier *Gérard*, premier peintre du Roi, nous présente sous les traits séduisans de la *grâce* et de la *beauté*. Dans son charmant tableau de *Psyché* et *Cupidon*, l'Amour s'approche de Psyché, il se fait sentir pour la première fois; elle est comme stupéfaite; elle éprouve un sentiment qui lui était encore inconnu : le besoin d'aimer. Voilà l'expression du génie.

La Vénus Anadyomène était très-célèbre dans l'antiquité. Auguste, dit Pline (1), consacra dans le temple de César, un tableau d'Apelles, représentant Vénus sortant de la mer. L'attitude sous laquelle le grand peintre de l'antiquité offrit cette déesse aux yeux des Grecs, était si convenable et si frappante, quoique de la plus grande simplicité, que toute la Grèce s'accorde à lui donner le nom d'*Anadyomène*, c'est-à-dire, *essuyant ses cheveux en sortant de l'écume de la mer qui l'avait formée*. Apelles voulant peindre la naissance de Vénus, saisit l'instant où, sortant de l'écume entr'ouverte, la déesse s'élève sur la surface des eaux. Suivant Pline, les vers grecs que l'on a faits à la louange de ce tableau, ne l'ont pas surpassé, mais ils l'ont rendu plus célèbre (2). Titien a peint aussi Vénus sortant des ondes, et pressant sa longue et belle chevelure pour en extraire

---

(1) *Lib.* 35, *cap.* 10.

(2) Voyez l'Encyclopédie, *Dictionnaire d'antiquité*, au mot *Anadyomène*.

l'eau. Ce chef-d'œuvre de coloris et de dessin qui était conservé dans la galerie d'Orléans, et que j'ai copié plus d'une fois a été gravé par Saint-Aubin.

Praxitèle avait sculpté pour le temple de Gnide, une Vénus de la plus grande beauté, d'après la célèbre courtisane Phryné, qui était dans l'usage, les jours de fête consacrés au dieu Neptune, de dérouler ses beaux cheveux, d'enlever ses vêtemens et de descendre toute nue dans la mer aux yeux de la Grèce assemblée. Praxitèle, pour peindre la beauté parfaite, fit choix du moment où Phryné se disposait à reprendre ses vêtemens, ayant à ses pieds le vase qui contenait les parfums dont les femmes faisaient usage après le bain; ainsi qu'elle est figurée par la belle statue antique connue dans les arts, sous le nom de *Vénus du capitole*, et par plusieurs médailles de Gnyde. Ecoutons les vers charmans que Voltaire a faits sur cette Vénus, d'après l'Antologie.

> Oui, je me montrai toute nue
> An dieu Mars, au bel Adonis,
> A Vulcain même ; et j'en rougis !
> Mais Praxitelle !... où m'a-t-il vue ?...

La Vénus de Médicis inspire la volupté ; la Diane commande le respect.

Diane est une vierge très-chaste qui n'a point connu d'homme, et qui cependant conçoit et enfante. On dit que Diane, tendrement émue à l'aspect du beau corps d'Endymion, berger de Carie, qu'elle rencontra un jour dormant à l'ombre d'un buisson formé de myrtes et de rosiers, posa doucement sur sa bouche vermeille un rayon de son disque argenté. Diane, vaincue par l'Amour, céda plus d'une fois à la puissance du fils de Vénus. M. le chevalier *Girodet* est, sans contre dit, le peintre moderne qui a fait le mieux sentir, dans son tableau d'Endymion, la magie convenable au sujet. Il a eu l'art de joindre à la pureté sévère du dessin et du style, tout le charme d'un poète habile dans la composition de son ouvrage. Le célèbre peintre d'*Atala*, a pénétré le mystère de l'antiquité, en donnant à Endymion les formes sur-humaines de la beauté parfaite; car Endymion est un dieu qui égale Apollon; et on a feint qu'à la suite du commerce secret qu'il eut avec Diane, elle conçut de l'air et qu'elle enfanta la rosée, par allusion sans doute aux vents frais qui soufflent pendant la nuit que la lune éclaire, et à la rosée qui tombe le matin lorsque Phœbé et la Nuit, sa compagne fidèle, sont l'une et l'autre éclipsées par la présence du bel Apollon, frère de Diane, le régénérateur de la nature et l'introducteur de la lumière. Voilà ce que M. Girodet a exprimé.

Les peintures de *Raphaël* sont généralement plus gracieuses que celle de *Michel-Ange* et de *Léonard de Vinci*; son dessin est plus coulant, plus arrondi, et ses attitudes plus simples. Ce grand homme a uni tout le charme de la grâce à la perfection que commande la beauté parfaite, dans le tableau du Triomphe de Vénus qu'il a peint à Rome, dans ce qu'on appelle le *Petit Farnèse*. La mer silencieuse roule une onde argentée, pour recevoir la déesse et la porter en triomphe sur une conque de nacre préparée par les Tritons et les Néréides. Voilà ce que représente cette belle peinture, qui a été si souvent multipliée par le burin, et différentes copies peintes ou dessinées. Vénus née du sein des eaux, comme le dit Hésiode, s'alliait au dieu Neptune et présidait à la navigation; de là, la grande quantité de temples qu'on lui a élevés sur les bords de la mer; de là, cette double forme de *femme* et de *poisson* qu'on lui donne; de là aussi, l'origine des *Syrènes*. Les poètes ont feint, qu'à son aspect, les vents se retiraient; que les zéphirs venaient rafraîchir l'air de leur douce haleine; que les nuages se dissipaient pour lui donner un jour pur et serein; et que les plaines de la mer se calmaient pour la recevoir.

Ce n'est pas pour cette fois seulement, que le talent de Raphaël est en rivalité avec celui des artistes grecs. *Carle Maratte*, en parlant de Raphaël, disoit : *il ne se trompa jamais, ni ne trompa jamais personne.* Raphaël, dont les productions sont toujours plus belles plus on les regarde, qui porta son art au plus haut degré de perfection, et ne montra jamais l'art; Raphaël, que les grands hommes n'ont pas cru pouvoir louer dignement; Raphaël enfin, comme l'a dit l'abbé le Blond; *pour que rien ne manquât à sa gloire, a trouvé des détracteurs dans la classe des hommes médiocres.*

La grâce est indépendante du génie. Comme le génie, elle n'existe que par une concordance parfaite entre le sujet traité et les formes que l'artiste aura choisies pour le rendre sur la toile ou sur le marbre. En conséquence, la qualité dont il s'agit, pour qu'elle prenne véritablement le caractère de ce qu'on appelle *grâce*, il faut qu'elle s'identifie, en quelque sorte, avec l'invention, le style et le coloris convenables au sujet; autrement, elle n'existera pas. L'Apollon du Belvédère et la Diane chasseresse nous montrent dans des sujets opposés, soit comme personnage, soit comme forme, des modèles de la grâce, parce que l'un et l'autre, aussi-bien que la Vénus de Médicis, sont des ouvrages parfaits, et que chacun, dans son invention, a l'attitude, le caractère, l'expression, les formes, et, j'ose dire, le coloris qui leur appartiennent. Voilà ce qui constitue la grâce, et par conséquent la beauté. Je reviens à mon premier sujet.

§. III. J'ai jeté quelques idées sur ce que l'on doit entendre par *originalité*, et j'ai fait connaître ce qui constitue réellement le *beau* et le *génie*. Je rappelle ici ces mots, parce que non-seulement ils ont une valeur qui leur est propre et particulière, mais parce qu'ils désignent des qualités reconnues nécessaires dans l'exécution des tableaux et des statues.

Notre amateur des arts reprend ainsi le cours de ses questions :

« Remarquons, dit-il, que dans la langue des
» beaux-arts, le mot dont nous nous occupons se
» prend et doit se prendre en bonne part. La raison
» en paraît évidente : c'est que l'originalité *recherche*
» *essentiellement le beau;* c'est qu'elle est *inséparable*
» *du génie.*

» Ces préliminaires convenus, nous ne savons pas
» encore ce que c'est que l'originalité ; toutefois,
» peut-être, nous est-il permis de commencer à entre-
» voir quelques lueurs en songeant aux élémens où
» elle semble prendre l'existence, *puisqu'il faut avoir*
» *du génie pour être original* ».

On nous présente ici le *beau* tellement lié au *génie*, qu'on les rend inséparables l'un de l'autre.
L'originalité ne recherche pas le beau, comme on le dit ;
et je la considère isolément, parce qu'il n'y a point
d'affinité dans les idées que présentent ces deux
expressions. Le *génie* et le *beau* sont dans le même
cas ; je l'ai dit et je le répète : ils n'ont aucun rapport. Ces trois qualités, dans les lettres comme dans
les arts, sont distinctes ; il ne faut pas les confondre.

Le mot *originalité* dans la position où il se trouve
ici, doit se prendre en bonne part, je n'en fais aucun
doute. Cependant, on conviendra que l'originalité par
laquelle les peintres *Bamboche*, dont il nous est resté le
mot *bambochade*, *Brughels*, appelé le *Diable* à cause
de ses inventions diaboliques, ou *Callot*, dont on dit
encore par dérision *figures à Callot*, se sont distingués, ne peut se comparer à celle que l'on admire
dans les savantes et belles productions de Michel-
Ange, de Raphaël, de Léonard de Vinci, de Corrège,
ou d'Albert Durer. Sans doute, il faudroit définir
toutes les nuances qui se présentent dans l'espèce
d'originalité qui distingue particulièrement les grands
maîtres dont je viens de parler ; mais comme ce tra-

vail serait fort long et qu'il n'ajouterait rien à la définition de l'originalité que j'ai donnée dans mon discours préliminaire, je m'en tiendrai à cette définition,
attendu que j'ai des définitions plus utiles à proposer
à mes lecteurs. Pour le moment, j'ajouterai à tout
ceci que l'on n'a pas de génie sans originalité : Michel-
Ange et beaucoup d'autres grands peintres, dont il
sera fait mention plus tard, en sont un exemple ; mais
on peut avoir de l'originalité sans génie. La composition de Michel-Ange, qui représente Phaëton foudroyé,
vient à l'appui de ce que j'avance.

§. IV. *Phaëton*, suivant la fable, fils d'Apollon et
de l'Aurore, chargé de la conduite du char du soleil,
embrase l'univers et meurt victime de son impru-
dence. Ce Phaëton, le même que le cocher céleste,
précède tous les matins le lever de son père : effectivement le conducteur du char du Dieu du jour, représenté sur la sphère avec un fouet à la main, marche
avec l'Aurore, et précède l'astre qui nous éclaire en
qualité de courrier.

La place que Phaëton prend au solstice d'été avec
son père, a fourni aux poètes de l'antiquité l'occasion
de dire qu'il avait embrasé le ciel, et qu'il s'était
égaré dans sa route. La position oblique que Phaëton
tient un peu au-dessus du zodiaque, le fait effectivement dévier de la ligne que le soleil tient régulière-
ment dans ce cercle. Ainsi, ce seroit d'après des observations astronomiques, que l'on a supposé que ce
jeune conducteur, ébloui par l'éclat de la lumière du
soleil, s'était égaré dans sa route. Jupiter, dans son

automne, mûri par l'expérience, redresse Apollon, foudroie l'imprudent Phaëton et le précipite dans le Nil ou dans le Pó; car la constellation du grand fleuve, placée au-dessous de celle du cocher, marche constamment avec lui et porte indistinctement les noms de *Fleuve*, du *Nil* ou *Pó*, et disparaissent ensemble de l'horizon. Voilà la situation du ciel qui a donné lieu à la fable dont il est question, voyons maintenant comment elle a été rendue par Michel-Ange.

La partie supérieure du tableau de la chute de Phaëton, dont tout le monde connaît la gravure, nous présente le complément de la *singularité*. Cette composition se divise en trois parties, qui n'ont aucune liaison entr'elles ; c'est-à-dire, dans la partie la plus élevée, on voit au milieu d'une masse de nuages dessinée en cercle, un personnage de petite stature, assis sur un aigle et lançant la foudre. Plus bas, et précisément au centre du tableau, se dessine le principal groupe : c'est Phaëton qui est renversé, et les quatre chevaux du Soleil groupés pêle-mêle. Au bas du tableau, trois femmes déplorent auprès du fleuve ce triste événement.

J'ignore pourquoi Michel-Ange a placé la foudre du grand Jupiter dans les mains d'un jeune homme auquel il a donné tous les attributs du maître des Dieux? La pose de Phaëton, quoique forcée, est belle et bien dessinée dans toutes ses parties. Les divers mouvemens que font les chevaux, sont contournés ; ils ont un caractère de singularité ; et le char, dont la forme est celle d'un carré long, qui serait creusé dans toute sa longueur, produit un mauvais effet.

On ne sait pas pourquoi Michel-Ange n'a point représenté ici l'embrasement du ciel, qui causa la ruine de l'univers? Le Pô, qu'il a figuré au bas du tableau sous les traits d'un vieillard barbu, s'étend dans toute la longueur de son corps; et ses membres, considérés comme autant de sources, versent des torrens, qui se confondent et remplissent la capacité inférieure de la toile. Cependant, sur une espèce d'île, où le peintre a placé la source du fleuve, se dessinent les trois Héliades, sœurs de Phaëton et son ami Cynus, sous la forme d'un cygne. Suivant la fable, les Héliades et Cynus, désolés, pleurèrent tellement la mort de leur frère, qu'elles furent métamorphosées en peupliers, et Cynus en cygne. Ici, les plus belles attitudes comme les plus belles formes se font remarquer, et Michel-Ange est encore le peintre par excellence !....

Cette composition n'est pas heureuse; et sans la grandre perfection du dessin, elle ne serait pas supportable. On y voit beaucoup de ciel, un peu moins d'eau, quelques montagnes dans le lointain, peu d'habitations, et onze figures de moyenne proportion dans un espace considérable. On peut donc reprocher à Michel-Ange de n'avoir pas tiré un meilleur parti d'un sujet aussi vaste et aussi beau. D'ailleurs, n'aurait-il pas dû représenter la Terre effrayée, implorant le secours de Jupiter contre la conduite imprudente de Phaëton, qui mit tout en feu; puisque c'est le trait le plus remarquable du sujet qu'il avait à peindre? Michel Ange, dans ce travail, a fait abnégation de son génie pour se livrer entièrement à l'*originalité*.

Dans l'article prochain, je reprendrai l'examen des questions qui m'ont été proposées, et je traiterai de l'utilité de l'*imagination* dans la pratique des arts dépendans du dessin.

CHAPITRE IV.

Pour mieux suivre les propositions théoriques de l'amateur des Arts, dont j'ai parlé dans les précédens numéros, écoutons-le dans un nouveau paragraphe de son écrit. Si le développement qu'il fera naître ne satisfait pas complètement mes lecteurs, j'ai au moins la persuasion qu'il a un but d'utilité, et c'est dans cette vue que j'en hasarde l'impression. « Cependant (dit-» il), tout en reconnaissant qu'en Littérature comme » dans les arts du Dessin, l'originalité dont nous par-» lons est constamment compagne d'un grand talent, » il reste encore, et c'est ici la seule question vrai-» ment importante, si un ouvrage a d'autant plus » d'originalité, qu'il réunit en lui-même plus de per-» fection possible. Dans ce sens, on sera sans doute » disposé à croire que Racine a encore plus d'origi-» nalité que Schakespéar ou le Dante ; Raphaël, que » Michel-Ange et Rubens. Néanmoins, la langue des » beaux-arts semble se refuser à cette dernière inter-» prétation..... ». Voici ce que je réponds :

L'*originalité* n'est pas la perfection. Cette qualité n'est pas toujours la compagne fidèle d'un grand talent, comme on le dit ici ; nous avons dans les lettres et dans les arts, des exemples du contraire : on ne peut contester à Vadé et à Scaron, une grande originalité chacun dans son genre, et on ne dit pas qu'ils sont des hommes d'un grand talent. Qui est plus original

que Wateau, que Boucher, et certes, on ne dira jamais qu'ils ont atteint la perfection dans l'art de peindre
et qu'ils sont des modèles à imiter ?

L'originalité appartient à tout le monde, comme
à tous les genres; elle est indépendante du talent.
Fille du sentiment qui fait agir le poète ou l'artiste,
sœur de l'imagination et de la pensée, l'originalité
réunie à ces qualités qui lui sont particulières, produira nécessairement, à l'aide de la plume, du pinceau
ou du ciseau, une expression qui aura un caractère
propre, qui appartiendra exclusivement à celui qui
agit sous sa puissance.

Pour suivre ma réponse, si je consulte la définition
du mot *original*, par l'Académie, je lis : « on appelle
pensée originale, une pensée neuve, et qui n'a été
prise d'aucun auteur. On dit aussi figurément, d'un
auteur qui excelle en quelque genre, sans s'être formé
sur aucun modèle, que c'est un *original* ». Je fais donc
l'application de cette défintion au poète anglais, et
je dis : « Schakespéar est plus original que Racine;
Michel-Ange, plus original que Raphaël; le Dante,
plus original que le Tasse; et Rubens, plus original
que Poussin.

Si ensuite je fais un retour sur moi-même, pour
abandonner la définition de l'Académie, sur la manière
d'interpréter le mot *original* dans les lettres et dans les
arts, je vois que Racine a imité ses auteurs de l'antiquité. Mais Racine, dans son imitation, en s'élevant
au-dessus de ses modèles, a montré un génie supérieur. Le grand homme a adapté avec tant d'art, les

formes antiques à notre langue ; il a si bien dessiné ses caractères, si bien peint les passions de l'ame ; il est si grand, si noble et si sublime dans ses pensées ; il est tellement original, que non-seulement il n'a pas encore été imité , mais qu'il ne sera jamais surpassé. Les répétitions de Phèdre et d'Andromaque, ne sont-elles pas au-dessus des pièces originales qui ont servi de modèle ? C'est ainsi que Raphaël, en se mesurant avec les peintres et les statuaires de l'antiquité, a rectifié les formes de son dessin, a épuré son goût et s'est placé au-dessus de Michel-Ange qui pourrait lui être supérieur, si dans le jugement qu'il s'agit de porter sur deux hommes de génie , il était permis de s'arrêter à la première impression. L'*originalité* de Raphaël n'est pas celle de Michel-Ange, comme celle de Michel-Ange n'est pas celle de Rubens. L'originalité de ce dernier se fait autant remarquer dans le coloris , que dans l'invention et l'exécution ; et pour la mieux faire connaître, je traiterai particulièrement du coloris et des autres parties , qui constituent l'art du Dessin et celui de la Peinture.

Racine a atteint la perfection, ou le *beau*, si je me sers du langage des Arts : ce qu'on ne peut pas dire de Schakespéar. La nuance d'originalité qui existe entre Schakespéar et le Dante, est plus rapprochée ; mais elle est encore assez distincte pour en faire la différence. Comme je l'ai déjà dit, l'originalité appartient à tout le monde. Il n'en est pas ainsi du génie. L'être privilégié qui en est doué, a seul le pouvoir et la puissance de réunir dans un seul cadre toutes les beautés et toutes les expressions de la nature.

La langue des Lettres est celle des Arts; et cette réflexion me rappelle un passage de Denis d'Halicarnasse, où, en parlant de l'éloquence, il veut que les parties du discours se tiennent entr'elles, qu'elles soient arrangées avec grâce, et qu'elles produisent le plus bel effet possible. Ce genre de construction a un motif très-fondé : c'est qu'il ne doit y avoir aucun intervalle de temps sensible entre les mots; on pourrait le comparer à un tableau, où les éclats de la lumiè e se mêlent et se confondent avec la teinte des ombres : ce qui exprime très-bien la dégradation des couleurs qui forment ce que l'on entend par *clair-obscur*. Cette belle partie de l'art, dont il sera fait mention à la suite de ce discours, a été parfaitement entendue de Corrège, dont l'originalité, en ce genre, est et restera inimitable.

Pour être plus clair dans les rapports qui existent entre les Lettres et les Arts, et pour donner un exemple plus frappant encore de ce qui constitue le *beau* dans l'une et l'autre partie, je vais rapporter un passage du *Télémaque*, de Fénélon, où le prélat philosophe parle des plaisirs dont les ames jouissent après la mort dans les Champs-Elysées. Ce passage est un parfait modèle de l'harmonie imitative et de l'éloquence naturelle; il sera, pour tout lecteur intelligent, un modèle de théorie, pour ce que l'on entend, dans l'art de peindre, par clair-obscur; car la méthode qu'il a suivie dans son discours, est celle qu'un peintre doit employer pour la fonte des couleurs.

« Les hautes montages de Thrace, dit-il, qui, de
» leur front couvert de neige et de glace, depuis

» l'origine du monde, fendent les nues, seraient ren-
» versées de leurs fondemens, posées au centre de
» la terre, que le cœur de ces hommes justes ne pour-
» raient pas même être émus : seulement ils ont pitié
» des misères qui accablent les hommes vivans dans
» le monde ; mais c'est une pitié douce et paisible,
» qui n'altère en rien leur immuable félicité. Ils s'en-
» tretiennent ensemble de ce qu'ils voient et de ce
» qu'ils goûtent : ils foulent aux pieds les molles dé-
» lices et les vaines grandeurs de leurs anciennes
» conditions qu'ils déplorent : ils repassent avec plai-
» sir ces tristes, mais courtes idées, où ils ont eu be-
» soin de combattre contre eux-mêmes, et contre le
» torrent des hommes corrompus, pour devenir bons :
» ils admirent le secours des Dieux qui les ont con-
» duits, comme par la main, à la vertu, au milieu
» de tant de périls. Je ne sais quoi de divin coule sans
» cesse au travers de leurs cœurs, comme un torrent
» de la divinité même, qui s'unit à eux ; ils voient,
» ils goûtent qu'ils sont heureux, et sentent qu'ils le
» seront toujours. Ils chantent les louanges des Dieux,
» et ils ne font ensemble qu'une seule voix, qu'une seule
» pensée, un seul chœur. Une même félicité fait
» comme un flux et reflux, dans ces ames unies. Dans
» ce ravissement divin, les siècles coulent plus rapi-
» dement que les heures parmi les mortels ; et cepen-
» dant mille et mille siècles écoulés n'ôtent rien à
» leur félicité toujours nouvelle et toujours entière.
» Ils règnent tous ensemble, non sur des trônes que
» la main des hommes peut renverser, mais en eux-

» mêmes avec une puissance immuable ; car ils n'ont
» plus besoin d'être redoutables par une puissance em-
» pruntée d'un peuple vil et méprisable. Ils ne portent
» plus ces vains diadèmes dont l'éclat cache tant de
» craintes et de noirs soucis : les dieux mêmes les ont
» couronnés de leurs propres mains, avec des cou-
» ronnes que rien ne peut flétrir ».

Chaque phrase de cette description a presque le même mouvement, la même cadence ; presque toutes, elles présentent deux ou trois pensées dont le caractère, en général, est d'une simplicité élégante et noble, il y en a qui ont de la sublimité ; souvent le bonheur dont l'idée vous est offerte, et qui vous séduit au commencement de la phrase n'est pas le bonheur que l'on veut peindre, il n'en est qu'une imparfaite image ; et cette idée, sans être tout-à-fait détruite, est néanmoins aussitôt écartée, pour y substituer, dans les incises de la même phrase, une idée plus vraie, plus grande et plus complète de la même espèce de bonheur. L'auteur a voulu présenter une sorte d'unité de bonheur ; mais les rapports en sont variés, et le but en est constamment utile ; ce qui constitue essentiellement le *beau*. Il y a dans ce tableau, d'autant plus d'art, que l'art paraît moins ; car il faut bien se garder de croire que ce soit de la monotonie, que ce calme qui règne dans le style ; c'est bien plutôt l'effet d'un style imitatif, qui peint le calme parfait, et la série continue des sensations agréables qu'éprouvent les ames vertueuses.

C'est le même génie imitatif, porté au sublime,

joint à une image parfaite des expressions de l'ame
que l'on retrouve tout entier dans les productions de
Racine; c'est là ce qui constitue son originalité. De
même l'énergie mâle de la pensée et la force du
dialogue, constituent celle de Corneille. Le génie de
ces hommes justement célèbres, dont la France s'ho-
nore, consiste dans la conception générale des sujets
qu'ils ont traités, comme dans les rapports communs
et harmonieux qui existent dans l'expression et dans
le discours des personnages, mis en action selon le
rang qui les distingue et les passions qui les font
agir; car je l'ai déjà dit : *le génie n'est pas l'originalité, et l'originalité n'est pas le génie.*

Dans cette combinaison savante que présentent les
ouvrages de Racine, de Corneille et de Fénélon, ne
remarquera-t-on pas aussi l'ordre parfait et harmonieux
dans toutes ses parties, la belle distribution des groupes,
et les attitudes variées du *beau* tableau de l'Ecole
d'Athènes, par Raphaël; n'admirera-t-on pas encore
les traits de lumière par lesquels Michel-Ange, comme
un dieu tout-puissant, se place au-dessus des hommes
de son siècle; n'admirera-t-on pas enfin le coloris
doux et suave de Corrège, dont les grâces délicieuses
semblables aux sons mélodieux d'un concert céleste,
place l'ame du spectateur dans une douce rêverie, tout
à fait semblable aux plaisirs que goûtent les bienheureux de l'Elysée de Fénélon?

Pour arriver plus sûrement au but que je me suis
proposé par cet écrit, je suspendrai un moment mes
observations sur les propositions qui m'ont été adres-

sées , pour me livrer entièrement à l'examen des différentes parties qui constituent essentiellement *l'art de
peindre*. Je commence par faire connaître ce que l'on
entend par les *Arts dépendans du dessin* , avant de
traiter de l'utilité de *l'imagination* et de la *mémoire*,
comme je l'ai annoncé.

§. I. — Les Arts dépendans du Dessin , sont : la
Peinture , la Sculpture , la Gravure en pierres fines , la
Gravure en taille douce et à l'eau forte. La première
condition que l'on doit exiger des hommes qui s'adon-
nent à l'étude et à la pratique des Arts dépendans du
Dessin est la connaissance de l'histoire et de l'antiquité.

Division de la Peinture.

On distingue deux genres de Peintures , savoir : la
peinture *monochromate* ou *camaïeu*, et la peinture
imitant le relief. Le but du peintre est d'imiter la nature , soit qu'il traite un sujet d'histoire ou d'invention , soit qu'il peigne un portrait ou des objets
inanimés.

Parties constituantes de la Peinture.

La Peinture se compose de trois choses essentiellement nécessaires dans sa pratique : 1.º de la conception
ou de la composition ; 2.º du dessin ; 3.º de l'art de
distribuer les couleurs.

La conception est le résultat du génie , et par conséquent de la pensée et des facultés ; elle est donc une
conséquence de l'organisation physique et de l'éduca-

tion morale. Elle s'exprime : par la situation plus ou moins variée et plus ou moins frappante dans laquelle le peintre place ses figures; par le geste des figures mises en scène, et par la disposition des groupes dont le sujet se compose; par la force ou la douceur que le peintre donne à ses expressions.

L'art du Dessin se compose de linéamens et de plusieurs sciences, dont la connaissance et même la pratique sont indispensables au dessinateur. On entend par linéamens, l'art de rendre, par un simple trait ou par un seul contour, les formes intérieures ou extérieures de tous les objets qui se présentent à la vue.

Les sciences identiques du Dessin sont : la Physiologie ou l'art d'exprimer les passions, l'Anatomie, la Perspective, l'Architecture, la connaissance des Costumes des deux sexes, de tous les âges et de toutes les classes de la société dans chaque contrée de la terre.

La pratique de la Peinture se compose : 1.º de la connaissance du clair-obscur, de la science de distribuer la lumière et l'ombre, ou de l'art d'exprimer le relief d'une figure ou d'un corps quelconque sur une surface plate; 2.º du maniement du pinceau; 3.º de l'amalgame des couleurs, ou de ce qu'on appelle coloris; 4.º de la nature des couleurs et de leur composition soit naturelle, soit factice.

§. II. — *De l'origine de la Peinture.*

L'origine de la Peinture se perd dans la nuit des temps. Si l'on place la Peinture au nombre des choses d'agrément, puisque cet art n'a aucun rapport avec ce qui est nécessaire aux besoins de la vie, il sera naturel de penser qu'un homme mieux organisé que les autres a trouvé du charme à posséder l'imitation des merveilles de la nature, comme celle des objets qui auraient fait naître en lui des sensations agréables ou qui lui auraient inspiré de l'amour ou de la vénération. Ainsi, en s'arrêtant à la première idée on pourrait supposer que le même homme placé dans une vaste campagne, après avoir assayé bien ou mal de tracer les contours des animaux, des arbres, des plantes et des habitations qu'il voyait, a observé que le soleil, par la puissance de ses rayons, donne des ombres, des demi-teintes et des lumières aux divers corps qui se trouvent encadrés par l'horizon ; que, frappé d'abord à l'aspect général qui se présentait à ses yeux, il a pu remarquer que les sujets animés les plus près de la vue obtenaient de la saillie par des lumières fortement prononcées et par des ombres vigoureusement accusées ; comme il aura aperçu, de suite, que les corps qui se trouvent dans l'éloignement prennent un coloris uniforme et se perdent dans la vapeur atmosphérique qui confond tout. Après avoir deviné le trait, l'observation a fait connaître ce qu'on appelle *clair-obscur*. Voilà les premiers pas qu'il a fallu faire pour arriver à l'art de peindre ; d'après cela on serait autorisé à dire, que l'origine de la peinture est due à l'observation et au désir de posséder près de soi l'image des objets qui ont vivement frappé nos sens ; mais tout cela est insuffisant.

Du Clair-obscur et de l'Effet.

Le clair-obscur et l'effet appartiennent exclusivement à la Peinture. On entend par clair-obscur l'art de bien distribuer, dans un tableau ou sur une surface plate, la lumière et l'ombre, et de les passer insensiblement, ou de les fondre ensemble, non avec le pinceau, mais avec des demi-tons, appelés aussi *demi-teintes*. En effet, le clair-obscur est une espèce de magie à l'aide de laquelle le peintre produit l'illusion de la nature. Corrège et Titien sont les peintres qui ont le mieux entendu le clair-obscur.

Ce qu'on appelle *effet* en peinture est une espèce de clair-obscur, puisqu'il consiste également dans la manière de distribuer dans un tableau les lumières et les ombres; mais on peut les distinguer en ce que le peintre peut produire beaucoup d'*effet* seulement par l'éclat brusqué de la lumière et de l'ombre sans avoir égard aux demi-teintes, quand cependant l'une et l'autre sont imitées de la nature, tandis que le clair-obscur n'existe réellement dans un tableau que par l'extrême finesse des passages de la lumière à l'ombre. Les peintres Carravage et l'Espagnolet ont produit de grands effets dans leurs tableaux sans cependant connaître l'art du clair-obscur.

Les anciens ne connaissaient pas l'art du clair-obscur, pas plus que la perspective aérienne; ils étaient dans l'usage de poser les couleurs à plat, sur des fonds unis sans avoir égard aux convenances da l'harmonie et à celles de la fonte des couleurs. En général, dans cette sorte de tableaux, il n'y a de remarquable que la pose des figures, le trait, le style et l'agencement des draperies; ce n'est qu'une peinture *monochrome* dont le trait fait, soit avec du *cinabre* ou du *minium*, se détache sur un fond clair; on en voit aussi dont le trait est blanc posé sur un fond obscur, à la manière des vases grecs peints, vulgairement appelés *vases étrusque*. Pline (*lib.* XXXV, *c.* 36) nous apprend que Zeuxis a peint des camaïeux en blanc dont la beauté avait attiré l'attention des Grecs.

Suivant l'opinion reçue, les Egyptiens n'avaient que des notions légères du Dessin et aucun talent dans l'art de peindre; Pline, (*lib.* XXXVI, *c.* 13), en parlant du superbe labyrinthe dédié au Soleil par Psammeticus, dit qu'ils commencèrent par s'occuper de la Sculpture et de l'Architecture. Cependant les riches peintures des tombeaux des rois à Thèbes, dont les dessins coloriés nous sont parvenus par les artistes français, de la dernière expédition d'Egypte, annoncent de la perfection dans le dessin et une sorte d'intelligence dans l'exécution. On remarque surtout les belles têtes d'Isis et d'Osiris, ainsi que les figures de deux génies, ou espèce de *nécores* (prêtres desservant l'autel d'Isis et d'Osiris), vêtus de robes de lin, et tirant des sons de deux harpes d'or dont ils se servent comme nous. Cette peinture dont j'ai vu un beau dessin chez M. Dutertre, membre de la commission, annonce un degré d'avancement dans l'art, qui détruit tout ce qui a été dit de désavantageux, jusqu'à présent, sur l'état de la Peinture dans l'antique Egypte. Il est vrai, que jusqu'au moment de l'expédition de Bonaparte, peu d'artistes connaisseurs et instruits étaient entrés dans les tombeaux de Thèbes, dont les accès offrent non-seulement des difficultés par la nature des lieux mais encore des dangers que l'on court par la présence des Arabes qui s'y retirent.

Les peintures que renferment les magnifiques et superbes tombeaux des Pharaon nous étaient inconnues et on ne pouvait juger de l'état de la Peinture en Egypte que d'après les coffres des Momies, ou d'après les bandes d'hiéroglyphes grossièrement dessinées et lavées sur du bois préparé avec une pâte de céruse blanche, ou tracées à crû sur de la toile ou du papyrus, apportées en France, comme spéculation, par des voyageurs commerçans. Toutes les peintures des tombeaux des rois sont faites légèrement, peu ombrées et sans effet ; mais elles ne sont pas sans charme et sans harmonie ; elles sont, surtout, exécutées avec une finesse qui enchante, et dont la pureté ressemble aux belles peintures de l'Inde que l'on conserve à la Bibliothèque du Roi, ainsi qu'aux productions des premiers maîtres de l'école italienne, qui ne connaissaient pas plus le clair-obscur que les Egyptiens et les Grecs.

Les peintures antiques qui se trouvent conservées à Rome, sont les noces de Thétis et de Pelée, tableau connu sous le nom de *noces aldobrandines*. La Vénus, et la Pallas dite *Roma*, tenant le Palladium ; le Coriolan, l'Œdipe dans la *Villa* Altiéri, les sept morceaux du collége romain, en deux tableaux, de la *Villa* Albani. Suivant Winkelmann, le premier ta-

bleau aurait été trouvé non loin de sainte Marie-
Majeure, dans l'emplacement où furent jadis les jar
dins de Mécène. On y voit trois Muses qui chantent
et qui exécutent l'*épithalame* que l'on était dans l'u-
sage de chanter à la porte des nouveaux mariés. La
Vénus couchée, et la Pallas assise, de grandeur naturelle, furent découvertes en 1656, près du baptistère
de Constantin. Carle-Marate a réparé la Vénus et y
a ajouté des Amours et d'autres accessoires; ce que
l'on n'aurait pas dû souffrir parce qu'il lui ôtait son
caractère d'antiquité. Quant à la Pallas, elle est restée intacte : j'en vais donner une nouvelle description. La déesse a suspendu ses armes; elle est victo-
rieuse, et son bouclier est à ses pieds. Pallas, le regard fixe, mais doux et plein de bonté, tient d'une
main le sceptre du monde qu'elle gouverne : ce qui
est exprimé par une boule sur laquelle sa main gauche est appuyée; de l'autre, elle présente aux hommes
une statue de la victoire, l'image de son triomphe.

Minerve doit être impassible comme la Justice dont
elle prend le glaive, les balances, et dont elle est
le symbole sous le nom de Thémis. *Minerve, image
de la pudeur virginale, ne porte point sa tête avec fierté,
son regard est modeste.* Aussi, voyons-nous régner sur
l'auguste visage de la statue de Minerve du Musée du
Roi, une douceur sévère exprimée par ses yeux à
demi-fermés, comme la suprême bonté, l'apanage
ordinaire de la Justice, et la vertu consolatrice des
malheureux qu'elle punit ou frappe. Cette qualité qui
lui est particulière, est exprimée par le souris de
sa bouche.

La Pallas de notre peinture antique ne sera ni Pallas guerrière, ni Thémis; on la considèrera comme la fondatrice des sciences et des arts, et comme l'institutrice du genre-humain. Le dossier du trône qu'elle occupe, est surmonté de deux génies, symbole de l'éloquence et de la persuasion, les attributs essentiels de la déesse; et l'on voit, sur chaque côté du siége, une femme nue et un cygne. Les femmes nues seraient donc là pour exprimer que la Vérité et la Nature doivent toujours concourir d'un accord commun aux travaux des savans, des poètes ou des artistes; comme les cygnes, le symbole de l'harmonie, désigneront le charme, la douceur et la jouissance que l'étude répand sur la vie de ceux qui cultivent les lettres, les sciences ou les arts avec succès?... Cette belle peinture, d'un grand style et d'un beau caractère, mais sans effet et sans coloris, comme tous les ouvrages peints qui nous sont parvenus de l'antiquité, (ainsi qu'on peut le vérifier à Paris, chez M. Durand, amateur distingué des arts, qui possède les dix tableaux des Muses et Apollon Musagette, de la Malmaison, qui ornaient la galerie du roi de Naples après avoir été retirés des ruines d'Herculanum), a été gravée par Jean-Jérôme Frézza (1).

---

(1) Nous pensons qu'une collection aussi précieuse aurait dû passer au Musée du Roi, et nous ne doutons pas qu'une démarche de l'Administration, auprès de M. Durand, ne serait pas infructueuse, et qu'il la céderait volontiers pour la voir augmenter le nombre des monumens qui font partie du domaine de la couronne.

Masolino di Panicale, peintre florentin, élève de *Starmina*, mort en 1447, passe pour avoir introduit l'art du clair-obscur, qui était inconnu avant lui, en modelant en cire ou en terre les figures des tableaux qu'il voulait peindre, en les mettant en scène ou en les plaçant sur une table, selon l'ordre de la composition qu'il avait conçue, en les éclairant d'un seul côté par un jour de 45 degrés pour les peindre ensuite. Doyen, mon maître, et M. David, dont l'exil a jeté un crêpe funèbre sur nos arts, ont usé de ce procédé, pour obtenir des effets naturels dans les tableaux qu'ils avaient à peindre.

CHAPITRE V.

Je vais reprendre l'examen des propositions qui m'ont été adressées par l'amateur des arts. Je m'en suis occupé parce que cette personne, que j'estime, ne m'est point étrangère. Aujourd'hui, sous le manteau de l'anonime, on m'adresse d'autres questions à résoudre, je ne puis m'en charger ; j'invite l'auteur à développer lui-même ses idées, il s'en tirera beaucoup mieux que moi, et je serai le premier à applaudir à des succès mérités.

Serait-ce donc, me demande-t-on encore, que *l'originalité*, là où elle semble se moutrer avec plus de puissance, devrait être accompagnée d'une imperfection quelconque ? Ne manifesterait-elle de grandes beautés que sous la condition, en quelque manière, de laisser à côté d'elle des défauts pour leur servir d'ombre et les faire mieux ressortir ?

Ou, serait-ce que dans ces sortes d'exemples *l'originalité* deviendrait seulement plus apparente à cause de l'imperfection même, et, qu'en dernière analyse, la beauté infinie dans son essence ne pouvant être saisie par l'intelligence humaine qui la comtemple et cherche à la comprendre, qui, par quelques-uns de ces côtés, *l'originalité*, se trouverait être simplement ce regard particulier de l'homme de génie, regard aussi

varié qu'il y a de points de vue divers et de grands
écrivains, en prenant ce mot dans l'acception la plus
étendue, soit que la plume ou le pinceau ait à
coordonner des idées, les seules qui honorent la littérature ou les arts, et qui toujours ont su s'ouvrir des
routes nouvelles; d'où il résulte que l'*originalité* prendrait un caractère d'autant plus prononcé, que le regard
aurait plus de force et d'étendue, et que la production
de l'art qui rassemble en elle le plus grand nombre de
perfections serait réellement celle qui aurait le plus
d'*originalité*; et il faudrait reconnaître que Racine a
plus d'*originalité* que Schakespear, quoique ce dernier
poète soit *très-original*; que Raphaël est plus *original*
que Paul Véronèse ou Rembrant, quoique ces derniers
peintres soient *très-originaux* ?

Mais j'ai posé une question, parce que je doutais;
qu'il me soit permis de la répéter, parce que je doute
encore. Qu'on veuille se souvenir qu'il s'agit de l'*originalité* prise dans un sens favorable. En deux mots
dans ce sens, Racine est-il plus *original* que Schakespear ? Schakespear est-il plus *original* que Racine, et
pourquoi ? Et pour rapprocher les nuances, pour s'arrêter à un exemple pris dans une langue, une même
littérature, une même époque, le Tasse est-il plus
original que l'Arioste? l'Arioste est-il plus *original* que
le Tasse, et pourquoi ? Est-ce enfin parce que la route
est nouvelle, est-ce parce que la marche est irrégulière
que l'on est *original* ?

Ici se terminent les premières questions qui m'ont
été adressées, je vais y répondre; et je préviens mes

lecteurs que beaucoup d'autres observations sur les arts, que j'ai encore à leur soumettre, seront en quelquelque sorte autant de réponses aux diverses questions qui m'ont été proposées jusqu'à présent.

§. I. — Les questions qu'on vient de lire, et que je devrais résoudre complétement, me paraissent paradoxales, et on voit clairement qu'on a allongé la matière pour embarrasser; car il n'y a aucune raison qui puisse déterminer qui que ce soit à dire que, là où il y a *originalité*, il y a *imperfection*. Ce n'est pas l'imperfection du peintre connu sous le nom de l'Espagnolet, qui caractérise son *originalité*. Ce ne sera pas, non plus, l'imperfection des ouvrages de Scaron ou de Rabelais, qui en fixeront l'*originalité*; et l'*originalité* que l'on remarquera dans les peintures de Bamboche, de Brughels, de Boucher, de Gillot ou de Carême, seront indépendantes des imperfections qui se trouvent en foule dans leurs productions.

L'*originalité* est donc distincte de la *perfection* et de l'*imperfection*. Elle est encore distincte du *génie*, comme je l'ai dit. Elle a un caractère qui lui est essentiellement propre, particulier, et indépendant des autres qualités qui constituent le *génie*, le *beau*, la *perfection* ou l'*imperfection*. Ceci, ajouté à tout ce que j'ai dit jusqu'à présent, et ce qui paraîtra, par la suite, dans les *Annales*, répondra au second paragraphe de l'amateur des arts, qu'on vient de lire.

Paul Veronèse et Rembrant, sur lesquels on me demande une définition relativement à l'espèce d'ori-

ginalité qui les distingue l'un et l'autre, sont des hommes de génie, si on les considère simplement dans l'art du coloris; car j'admets aussi que, dans l'art de peindre, il existe une sorte de génie que j'appelle *génie du coloris*. Ce genre de mérite a bien aussi son *originalité*, qualité particulière par laquelle Paul Véronèse et Rembrant se font remarquer; mais ce n'est pas la seule *originalité* dont ces deux hommes sont abondamment pourvus.

La poésie, comme la peinture, a son coloris, et, dans cette partie de l'art, le poète a aussi son *originalité*; car le coloris poétique de Racine n'est pas plus celui de Corneille, que celui de Voltaire n'est celui de Crébillon. Molière, que son génie supérieur place au-dessus de Plaute et de Térence, a un coloris et une *originalité* qui le rangent dans une classe toute particulière. Il en sera ainsi de Schakespear, de l'Arioste et du Tasse. J'abandonne cette proposition à des hommes plus versés que moi dans la littérature, pour m'occuper uniquement des définitions applicables aux arts du dessin.

Je pourrais, à la vérité, examiner ce qui constitue l'art du coloris; mais cela m'éloignerait de la question proposée, puisqu'il ne s'agit ici que de l'*originalité*. Le développement de ce qui constitue l'*art du coloris*, dans l'art de peindre, sera le sujet d'un autre article.

Je le répéterai jusqu'à satiété, il ne faut pas confondre le *génie* avec l'*originalité*. Le génie est une portion de l'éther qui anime l'univers; il est un feu qui luit.

Le génie s'unit à l'ame. L'ame existe sans lui, il ne saurait exister sans elle. Le génie ne peut s'immortaliser que par des résultats visibles ou sensibles ; l'ame au contraire, est immortelle par elle-même, toujours pure par essence, dégagée de toute association avec la matière, elle dirige son vol vers les cieux et retourne à son principe.

Le siége du génie existe dans l'organisation première de l'être privilégié qui en a été pourvu par la volonté d'un Dieu créateur ; il est donc la conséquence d'une parfaite organisation. Mais, si l'être organisé que l'on appelle *homme* a reçu ce don précieux à sa naissance, cette faculté grandira avec l'âge ; elle deviendra plus active encore par le développement des passions ; et enfin, perfectionnée par les connaissances acquises, et modifiée par la raison dans l'âge de la maturité, elle trouvera toute son énergie et toute sa force dans la morale et dans l'expérience, c'est-à-dire, qu'elle s'établira sur des bases inébranlables. C'est alors que le génie enfante des merveilles ; c'est alors qu'il trace des routes nouvelles, et qu'il s'élance au-delà des bornes ordinaires. C'est ainsi que Corneille a mis au jour sa médiocre comédie de la *Place royale*, avant d'avoir conçu *Horace* et *Cinna* ; c'est ainsi que Racine a fait paraître sur la scène les *Frères ennemis*, avant *Iphigénie*, *Phèdre* et *Britannicus* ; enfin, c'est ainsi que Michel-Ange commença sa réputation par quelques morceaux de sculpture peu estimés, avant d'entreprendre le célèbre tableau du *Jugement dernier*.

Le génie enfin est subtil dans sa perfectibilité,

lorsqu'il se saisit d'un sujet quelconque, il aperçoit et embrasse en un instant tous les détails et toutes les convenances qui lui sont propres, sans le secours de l'esprit, de l'imagination ou de la mémoire.

Je n'ajoute plus qu'un mot à ma première définition de *l'originalité*.

L'originalité n'est pas le *beau*, le beau n'est qu'une parfaite imitation de la nature, comme je l'ai fait connaître. *L'originalité* n'est pas le *génie*, quoique le génie ait son originalité, puisqu'on dit assez ordinairement d'un homme de génie : *son génie est original*.

On ferait des volumes que l'on ne parviendrait jamais à épuiser la matière dont il s'agit. Il est de ces questions que l'on ne saurait résoudre complétement ; celles qui m'ont été proposées, sont de ce nombre. La poésie et les arts ont des mystères si impénétrables pour la généralité des hommes, qu'à peine est-il permis aux initiés de les connaître, et il conviendrait décrire sur le frontispice de nos académies, cette inscription célèbre, que les anciens avaient consacrée dans le temple de la nature : *Je suis tout ce qui a été, ce qui est, et ce qui sera ; et nul mortel n'a encore levé mon voile.*

§. II. — Avant de faire connaître à mes lecteurs les effets de l'imagination dans les arts dépendans du dessin, et les résultats heureux du mariage du *génie* avec l'*imagination*, je leur proposerai quelques observations sur les passions de l'ame dont la connaissance est nécessaire pour arriver à la perfection dans l'art de peindre.

Des Passions de l'Ame.

L'art d'exprimer les passions de l'ame, est le résultat du sentiment, du savoir et de l'observation. Cette qualité importante dans l'art du dessin et de peindre, appartient essentiellement au Génie.

Tous ceux qui ont quelques idées des arts, savent que la partie morale d'un sujet peint, sculpté ou dessiné, n'est que le résultat de l'organisation de l'artiste qui en est l'auteur ; c'est-à-dire, que de la réunion plus ou moins en rapport des diverses causes agissantes dans l'homme, découlera nécessairement les émotions ou les sentations qui le conduisent pendant le cours de sa vie, dans toutes les opérations qu'il entreprend. Le peintre, le sculpteur ou le dessinateur, comme tous les hommes, est soumis à cette puissance invisible, qui fait la pensée et conduit la main sans que l'on s'en doute. Il résulte de cette vérité, que les productions des peintres, des sculpteurs ou des dessinateurs, prennent un caractère, reçoivent une forme et un coloris quelconque en raison du tempérament et de la disposition morale et physique où l'artiste se trouve à l'instant qu'il se met au travail. Delà, cette variété si remarquable dans les productions des arts ; delà, cette différance dans l'invention, dans l'expression, dans le dessin et dans le coloris.

Si un mot employé dans un ouvrage de littérature ou de poésie, établit ou détruit une phrase ou un vers ; un trait, une touche ou un coup de pinceau, feront ou déformeront l'expression dans un tableau.

§. III. — *De la Nature de l'Ame.*

Sans me perdre dans des raisonnemeus métaphysi-
ques sur la nature de l'ame, je dirai : l'ame est le souf-
fle de Dieu qui nous anime ; elle est le *spiritus*, ou la
raison qui dirige l'homme ici bas et qui le distingue des
autres animaux. L'ame, a dit Platon, est descendue du
ciel, et y remonte en quittant le corps qu'elle a habité
pendant un temps sur la terre.

L'ame se compose d'*intelligence*, d'*harmonie* et d'*a-
mour*. Elle est pure dans son principe, mais, lorsqu'elle
se combine avec les sensations physiques, elle donne
naissance aux *passions*.

C'est dans les expressions de l'ame que le talent de
l'artiste se déploie, et que son génie se fait remarquer.
A l'article *ame*, on trouve dans le *dictionnaire* de l'*Académie*, un paragraphe que je vais rapporter, parce qu'il
peut servir à éclairer les artistes et les amateurs des
arts auxquels s'adresse le résultat de mes réflexions,
sur l'application à faire des passions de l'ame aux arts
du dessin : « On doit donner de l'ame à un ouvrage,
» pour dire, exprimer vivement les choses qu'on y
» présente, *y mettre beaucoup de feu, de vivacité :* et
» cela se dit, soit en parlant des orateurs et des poëtes,
» soit en parlant des peintres, des sculpteurs et des
» musiciens ». Enfin, l'ame n'est qu'un être de raison,
qui n'a ni forme, ni couleur ; que le peintre, le sculpteur et le dessinateur ne peuvent exprimer que par
l'allégorie ; c'est ce qu'ont fait les anciens.

Les Grecs, qui croyaient à l'immortalité de l'ame,

comme tous les peuples civilisés, l'ont représentée sous la forme d'un papillon; ils l'appelaient *Psyché*, et l'ont uni à l'*Amour* : allégorie qui exprime que de l'union intime de l'intelligence, ou *Psyché*, avec l'agent actif de la nature, ou le principe de tout ordre, l'*Amour*, doit nécessairement naître l'harmonie universelle du monde, ce qui est parfaitement exprimé par un groupe antique. On voit Cupidon et Psyché qui s'embrassent et se serrent tellement l'un contre l'autre, qu'ils ne forment plus qu'un seul et même corps.

§. IV. — *De l'Amour.*

Je place l'Amour au nombre des passions de l'ame, parce que je n'en connais pas de plus naturelle et en même-temps de plus puissante; elle gouverne le monde : *Omnia vincit amor*, ont dit les anciens, leçon qui me détermine à lui donner la première place.

L'Amour est un sentiment vif, qui se développe en nous à l'aspect de l'individu qui nous plaît. On ne plaît que par des rapports communs, essentiels et harmonieux.

L'Amour émane de l'ame et non pas de la disposition physique. Cette opinion n'est pas nouvelle; par les monumens qui nous restent de l'antiquité, nous voyons les anciens marier l'*Amour* avec *Psyché*: ce qui exprime d'une manière allégorique, comme je l'ai fait connaître, qu'ils le confondaient avec l'ame.

Le sentiment de l'Amour est d'autant plus violent qu'il naît de l'ame, et qu'il se fortifie par la puissance physique à laquelle il se rattache toujours. C'est dans cette dernière position qu'il devient passionné, et qu'il convient de le figurer avec un bandeau sur les yeux; car dans la première situation, il est pur comme l'ame qui lui a donné naissance.

L'Amour physique, selon moi, sera le frère puîné de l'amour parfait que j'appelle *Amour sentimental.* Nul doute que les deux frères peuvent exister séparément; mais par leur union ils se fortifient mutuellement; et, si une fois ils se confondent, rien ne pourra plus altérer la durée de leur existence.

Les anciens donnaient un frère à l'Amour, qui lui était opposé: ils le nommaient *Antéros. Eros* ou l'Amour, et *Antéros,* tous deux fils de Vénus, étaient parfaitement semblables. On les représentait comme deux petits enfans ailés, se disputant une palme. Ovide dit que les flèches de l'Amour sont de deux sortes: les unes dorées, fort pointues, allument le feu intérieur, que l'on appelle *amour*; les autres, qui le chassent, ne sont armées que de plomb.

Manière de représenter l'Amour.

On peint ordinairement l'Amour sous les traits d'un enfant ailé, nu, armé d'un arc et d'un carquois, et ayant un bandeau sur les yeux, ou sans bandeau indistinctement. Ses ailes sont couleur d'azur, pourpre et or.

Les anciens ont singulièrement multiplié les représentations de l'Amour. Leurs allégories sur cette ma-

tière sont abondantes et variées ; elles sont fines, spirituelles, et marquées au coin du génie. L'une des
plus heureuses est celle d'un camée de la galerie de
Florence, où l'on voit l'Amour sous les traits d'un
enfant ailé, jouant de la lyre, et monté sur un lion
dont il contient la férocité. La lyre est ici le symbole
de l'accord parfait. Dans les mains de l'Amour, elle
exprime que l'harmonie qui règne dans l'univers anime
et vivifie tout ; que rien ne peut exister sans un accord
parfait dans les corps, et par réciprocité dans les parties comme dans les molécules dont ils se composent.
C'est ainsi que l'Amour uni à l'harmonie acquiert une
plus grande force, devient le vainqueur des vainqueurs
et le maître des dieux, des hommes et des animaux.
Jupiter lui-même fut plus d'une fois soumis à ses
lois.

On représente aussi l'Amour dans l'adolescence, et
toujours *impuber* avec les mêmes attributs. Les
peintres et les sculpteurs trouveront des modèles parfaits
de l'Amour adolescent dans les monumens de l'antiquité, comme dans les belles peintures de Raphaël,
de Jules Romain ou d'Albane. Michel-Ange avait trop
d'énergie pour représenter l'Amour : son crayon mâle
et vigoureux ne pouvait se plier à la souplesse des
formes de l'enfant de Vénus ; et, quand il a voulu
peindre l'Amour, il a fait Hercule. Il ne faudrait pas
en conclure que Michel-Ange était inaccessible aux
sentimens de l'amour : personne n'ignore qu'il aima
passsionnément la célèbre marquise de Pescaire. Il lui

adressait des sonnets imités de Pétrarque ; en voici un qui ne sera pas déplacé ici :

> .....dimmi di grazia , amor, se gli occhi miei
> Vegg no il ver della beltà ch'io miro
> O s'io l'ho dentro al cor, che Ovunque giro
> Veggo più bello il viso di costei.

Elle habitait Viterbe, et venait souvent le voir à Rome. Michel-Ange respectait l'objet de son amour ; heureux du secret dont il le voilait, il se mit toujours en garde contre la moindre inconséquence ; cette passion ne fut connue qu'après la mort de la Marquise. Cette mort inopinée le frappa tellement, qu'il fut pendant un temps dans un état voisin de la folie ; il fondait en larmes, et se reprochait douloureusement de n'avoir pas osé lui baiser le front, la dernière fois qu'il la vit, au lieu de lui baiser la main. La conduite de Michel-Ange, dans la circonstance, inspire l'admiration ; elle fait le procès de J. J. Rousseau, qui, par orgueil, s'est plu à faire connaître dans ses livres les femmes respectables, qui ont eu des faiblesses pour le grand homme.

L'Amour sentimental ou parfait doit être figuré dans l'âge de puberté, âge de perfection suivant les anciens. Son regard sera doux, animé et fixé sur l'objet aimé ; s'il est seul, le regard sera perdu , c'est-à-dire, hors du tableau ; il aura la bouche entr'ouverte ainsi que les narines ; un léger souris déterminera la forme des joues et l'épaisseur qu'il convient de donner à la commissure des lèvres. L'Amour parfait ne vieillit jamais, il survit à tout. Son attitude sera no-ble et impassible, son geste aussi modeste que son re-gard ; l'harmonie, la grâce et la beauté concourront en tout et en partie à l'organisation de ses formes.

Le peintre ou le statuaire, dans la circonstance, ne négligera rien pour la perfection du sujet. Comme perfection de l'*Amour parfait*, on consultera le beau fragment de l'Amour grec que l'on attribue à Praxitèle, et qui, selon Pline, ornait encore de son temps le portique d'Octavie. Ce fragment, le reste précieux d'un chef - d'œuvre, découvert dans un lieu appelé *Centocèle*, a été déposé au Vatican ; il a été également vu pendant plusieurs années au musée de Paris. En-fin, pour l'ensemble général des formes à donner à l'Amour parfait, on consultera les belles statues grec-ques d'Adonis, d'Antinoüs ou de Méléagre amoureux.

Les Indiens ont un Dieu de l'Amour qu'ils nomment *Manmadin* ; il est fils de Vichnou et de la déesse La-chimie, comme Cupidon est fils de Mars et de Vénus. C'est lui qui inspire l'amour aux mortels : son arc est fait de *canne de sucre*, la corde et les flèches sont de *fleurs*, et sa monture est un *perroquet*. Il a osé lancer une de ses flèches contre Chiven qui le réduisit en cendres. Chiven, dieu créateur, se laissa fléchir par les prières des sages et de la déesse Radi, femme de Manmadin, et il lui redonna la vie, mais à condition qu'il ne serait visible que pour sa femme, et invisible pour tout autre, et qu'il continuerait à remplir ses fonctions d'inspirer des désirs. Manmadin et sa femme conservent toujours la fraîcheur de la plus grande jeunesse : ils sont l'un et l'autre les plus belles créatures qui aient jamais été faites, suivant la croyance des Indiens.

§. V. = *La Coquetterie.*

La Coquetterie est la fille chérie de l'Amour, et quelquefois ce Dieu malin se fait précéder par elle, pour tourmenter les hommes aussi bien que les femmes. Je vais essayer quelques coups de pinceau sur cette espèce lutine, quoique le portrait trop délicat appartienne à la poésie ou à la littérature, et non pas aux arts du dessin. Cependant je la définirai, parce que le peintre, ou le sculpteur, est susceptible d'être atteint d'un penchant à la Coquetterie, quand il se met au travail, et que c'est dans cette disposition de l'ame qu'il donne à la composition, à l'expression et à l'attitude des personnages qu'il crée, ce que l'on appelle généralement *afféterie.*

La Vénus de Médicis, dans son attitude et dans ses mouvemens, montre plus de coquetterie que la Diane : et la Vénus Callipyge plus encore que la Vénus de Médicis. La première inspire un sentiment que n'inspire pas la seconde : l'amour et la volupté. Raphaël, l'ange de la perfection en peinture, a mis plus de coquetterie dans son tableau de la *Sainte-Famille,* que dans les tableaux qu'il a peints au Vatican. La *Vierge à la chaise* est un chef-d'œuvre de grâce et de beauté ; mais la vierge et l'enfant Jésus montrent une sorte d'afféterie dans les attitudes comme dans les airs de

tête, qui distingue cette production des autres tableaux
de Raphaël. La Vierge est plus occupée de plaire aux
spectateurs par un regard agaçant et par des mouvemens arrondis, que de son fils qui devrait être l'objet
de sa sollicitude. En voyant cette production du plus
grand peintre du monde, je ne puis m'empêcher de
penser qu'en la composant il était animé du sentiment de plaire et de séduire. En effet, on prétend que
cette belle Vierge est le portrait d'une femme pour
laquelle il avait de l'affection. Michel-Ange ! le sévère
Michel-Ange n'a pas été plus exempt d'afféterie dans
l'invention de ses figures, que Léonard de Vinci dont
la beauté de ses Vierges est plus calculée que naturelle.

Corrège, Guide et Mignard ont mis plus d'afféterie dans leurs productions que les autres peintres. Mignard, dans quelques ouvrages, a poussé l'affectation
jusqu'à la fadeur : rien n'y est naturel, les formes de
son dessin sont si arrondies, son coloris si fade et son
exécution si molle et si caressée que Louis XIV, qui
aimait les artistes, affecta de lui donner le surnom de
Mignard, que l'on avait donné à son père. Par allusion
à ses petites manières, il se nomma *More*. A-t-il jamais paru une peinture plus singulière que son tableau
de la *famille de Darius*, qu'il fit en concurrence avec
Le Brun ? La femme, la mère et les filles de Darius
sont des précieuses ridicules, habillées à la turque ; et
Alexandre n'est qu'un héros d'opéra, sans noblesse et
bien emplumé. Le tableau de Le Brun, à la vérité,
n'est pas un chef-d'œuvre, mais il est singulièrement

au-dessus de celui de Mignard, par les expressions et même par la composition.

La grande réputation de la famille de Darius, par Le Brun, est due à la belle gravure qu'en a fait *Edelinck;* et ce n'est pas la première fois qu'un habile graveur a rendu plus célèbres par la pureté et la beauté de son burin, les tableaux des grands maîtres. Je ne connais point d'ouvrage où la coquetterie d'un peintre soit plus en évidence que dans le tableau de Le Brun, connu sous le nom de la *Madeleine* de *Le Brun,* sous les traits de laquelle on a voulu reconnaître la belle et célèbre madame de *La Vallière,* parce que le tableau avait été ordonné par elle, et déposé par ses ordres, dans l'église des Dames Carmélites de la rue d'Enfer, où elle s'était retirée et où elle a terminé ses jours. On ne trouve dans ce tableau que de l'afféterie, et aucun des élémens de l'art que l'on puisse présenter aux étudians comme un modèle à imiter : tout y est faux et prétentieux. On ne peut pas même dire que la Madeleine de Le Brun est une *coquette corrigée,* car il y a de la coquetterie jusque dans son repentir. Son attitude est celle d'une actrice sans naturel, qui cherche à captiver le parterre par la beauté de ses bras qu'elle fait valoir sans nécessité. Elle n'est ni debout ni assise ; ses vêtemens sont fastueux sans être vrais : tout est de *taffetas* et ne produit pas un beau pli ; le coloris du tableau est faible et sans éclat. La tête de la Madeleine, quoiqu'idéale, est ce qu'il y a de mieux dans l'ouvrage. Je ne crains pas de le dire : le principe d'une afféterie aussi ridicule est un genre de coquetterie, que je considère comme un poison dans les arts du dessin.

Enfin, si la *Coquetterie* n'est point une passion, elle est au moins une disposition de l'ame, puisqu'elle influe sur les productions de l'artiste quand il en est affecté lorsqu'il peint, lorsqu'il sculpte ou qu'il dessine. Il convient donc de la définir; c'est ce que je vais faire.

Ce que l'on appelle *Coquetterie*, comme je viens de le dire, est une disposition particulière de l'ame et une envie démesurée de plaire. Elle se divise en *première* et en *seconde* espèces.

La Coquetterie de la première espèce est celle que l'on reçoit de la nature; elle est permise: mais, quand elle se combine avec l'orgueil et l'égoïsme, elle devient un vice du cœur; elle dessèche et tue la sensibilité.

La seconde, factice ou combinée, est celle de l'esprit et de l'amabilité; elle fait ordinairement le charme de la société.

La Coquetterie que l'on met à la place de l'Amour, est le faux semblant de ce que l'on voudrait être, pour masquer ce que l'on est.

Dans ce cas-là, la Coquetterie se présente sous diverses formes; elle prend toutes les couleurs, et elle a, pour ainsi dire, autant de nuances qu'il y a d'individus qui en sont atteints.

La Coquetterie naturelle n'a qu'un but: celui de plaire à l'objet que l'on aime. Cependant chez les peuples civilisés, ce que l'on entend par coquettérie se prend en mauvaise part, et elle a toujours figuré sur nos théâtres comme un travers du cœur.

Une femme qui cache son égoïsme, sous le masque de la coquetterie, n'est pas à l'abri des sentimens de l'Amour; mais perpétuellement dominée par l'amour personnel, elle ne sacrifie que des velléités au fils de Vénus. Dans son état d'imperfection, elle reçoit tour à tour les hommages des hommes qu'elle met à ses pieds. Elle excite sans cesse leur passion, et se fait une jouissance des peines qu'ils endurent. En effet, la vraie Coquette jouit en souveraine des esclaves dont elle s'entoure, et qu'elle subjugue par les charmes de son physique ou par les grâces de son esprit; elle les nourrit perpétuellement d'espérances, et les conduit souvent au tombeau, avant de se laisser aller aux douces sensations de l'ame et aux tendres affections du cœur, qu'elle ne connut jamais.

Il y a une autre Coquetterie plus aimable, qui n'est pas celle de l'égoïsme et de l'indifférence : c'est celle qu'une femme spirituelle, aimable et adroite, porte dans la société pour en faire le charme, ou pour se garantir elle-même des courtisans qui lui font sa cour. Assez ordinairement cette femme délicieuse se joue de ses adorateurs; mais elle le fait avec cette grâce qui enchante, avec ce ménagement qui caractérise la bonté comme l'excellente éducation; avec cette affection douce qui captive l'attention, qui fixe sur elle tous les regards, et qui lui fait des amis sincères de tous ceux qui ont le bonheur de la connaître. Sa prétention toujours modeste s'arrête juste où il faut; jamais elle ne blesse les convenances, et on ne se retire du lieu qu'elle habite qu'avec le désir d'y rester et dans l'espoir d'y revenir avec empressement.

Enfin, ce genre de Coquetterie n'est qu'un badinage d'esprit, auquel le cœur ne prend aucune part. Dans cette position mixte, le sentiment vif de l'Amour, qui anime toute la nature, qui subjugue tous les êtres, les bergers et les rois, est là dans toute sa pureté. En un mot, ce genre de coquetterie n'est qu'un voile doré, qui sera toujours levé pour la personne aimée (1).

Je me résume et je dis: les hommes ont leur coquetterie aussi bien que les femmes. Les animaux qui couvrent notre globe, ceux qui vivent dans la mer, ou qui habitent dans les airs, en sont généralement atteints. La Coquetterie est donc dans la nature; mais, comme elle est aveugle aussi-bien que l'amour, elle a besoin d'être modifiée par la raison.

§. VI. Je rapporterai ici le portrait qu'on nous a laissé de *Ninon de l'Enclos*, pour faire connaître le modèle parfait d'une femme du monde.

« Volage dans ses amours, constante en amitié,

---

(1) Je parle ainsi pour rendre hommage à des femmes charmantes, dont l'esprit agréable et parfait m'a suggéré le portrait que je viens de tracer. Comme les *Grâces*, elles sont trois, et n'empruntent aucun éclat extérieur. Je dis donc, honneur à *l'amabilité parfaite* de : A. B.....de J. F......et de F..... C'est à ces Dames à qui je dédie ce badinage ; mes lecteurs me pardonneront sans doute cette digression en faveur du motif.

» scrupuleuse en matière de probité, d'une humeur
» égale, d'un commerce charmant, d'un caractère
» vrai, propre à former les jeunes gens et à les séduire;
» spirituelle sans être précieuse, belle jusqu'à la ca-
» ducité de l'âge, il ne lui manqua que la sagesse :
» mais elle agit avec autant de dignité que si elle ne lui
» avait jamais manqué. Jamais elle n'accepta de pré-
» sens de l'amour. Ce qu'il y a de plus étonnant, c'est que
» cette passion, qu'elle préférait à tout, lui paraissait
» une sensation plutôt qu'un sentiment; une illusion
» passagère, qui ne suppose aucun mérite dans celui
» qui la prend, ni dans celui qui la donne ».

Comme on le voit par ce récit, Ninon est grande,
généreuse et noble dans ses amours : cette conduite est
en effet remarquable; mais ce que l'on dit de cette
femme délicieuse, à la fin du portrait, ne me paraît
être qu'une supposition ; car je ne crois pas que Ninon
ait jamais pensé que l'amour n'est pas un sentiment,
parce que je suppose que la sensation que l'on éprouve
en amour n'arrive jamais qu'après le sentiment qui
l'a fait naître, autrement, on n'éprouverait qu'une
sensation, qui serait plus ou moins forte en raison de
la disposition physique où l'on se trouverait dans le
moment de l'entrevue, ou de la possession de la personne avec laquelle on serait en relation.

Ce que dit Ninon elle-même justifie ce que je viens
d'avancer; car l'aveu du cœur qu'elle exige dans le
choix d'un amant sera la suite nécessaire du sentiment
qu'on veut lui ravir. « Un goût décidé pour la liberté,
continue l'historien, l'empêcha de prendre aucun en-

gagement solide ». *Une femme sensée*, disait Ninon, *ne doit jamais prendre de mari sans le consentement de la raison, et d'amant sans l'aveu de son cœur.*

La beauté sans les grâces, disait-elle encore, *est un hameçon sans appât.*

Ici, il y a de la pensée et du trait :

. . . . Ninon,
Faible et friponne tour à tour,
Eut trop d'amans pour connuaître l'Amour (*a dit Desmahis*).

Sa conduite envers La Châtre n'est plus celle de Ninon grande, noble et généreuse ; c'est une rouerie qu'on ne lui pardonne pas. Tout le monde sait que le marquis de La Châtre, son amant en titre, devant partir pour l'armée, incrédule aux sermens les plus tendres, Ninon le rassura par un billet de sa main, dans lequel elle lui donnait sa parole d'honneur que, malgré son absence, elle n'aimerait que lui. A peine eut-il disparu, qu'elle se trouva dans les bras d'un nouvel amant, et s'écria en éclatant de rire : *Ah ! le bon billet qu'a La Châtre !...* Cette plaisanterie dure n'appartient qu'à une courtisanne indigne du caractère et de la réputation de Ninon.

CHAPITRE VI.

Après avoir fait connaître ce que l'on entend par *clair-obscur* dans l'art de peindre, il convient d'ajouter à cette première définition celles du *coloris* (1), parce que l'une est la conséquence de l'autre.

Du Coloris en général.

Comme je l'ai déjà dit, le *coloris* peut être indépendant de l'*effet* et du *clair-obscur*, quoiqu'il en paraisse la conséquence. Dans l'art de peindre, le coloris a son *génie* particulier ; il a aussi son *originalité* et même sa *singularité*. Il sera vrai, expressif ou poétique. Il peut être vrai, sans participer en rien aux autres qualités essentielles dans l'art de peindre.

Le coloris des peintures de *Philippe-Champagne* est vrai, sans être expressif ni poétique ; en général, on ne peut considérer les productions de ce grand artiste, sous le rapport du coloris, que comme un

---

(1) J'observe que dans la circonstance on ne peut employer le mot *couleur* à la place de celui de *coloris,* comme l'ont fait plusieurs écrivains, parce que la couleur s'entend de la matière, et que le coloris est le résultat de l'emploi que l'on fait de la matière colorante. Ainsi, dans aucun cas, on ne peut dire : *Ce tableau est d'une belle couleur.*

Miroir qui réfléchit les objets que la nature présente dans sa simplicité. Les tableaux de M. *David* sont dans le même cas; mais le restaurateur de notre école a plus d'élévation dans l'ame, plus de science et de pureté dans le dessin, plus d'art et de goût dans le choix qu'il fait des expressions et des formes.

L'*expression* et la *poétique* sont tellement identiques dans l'art du coloris, qu'on peut pour ainsi dire les considérer comme *synonymes;* car le coloris d'un tableau n'est point expressif s'il n'est poétique, et il ne sera point poétique s'il n'est expressif. Comme je l'ai observé dans les *considérations générales.* Quand le coloris est en rapport parfait avec le sujet traité par le peintre, il se lie naturellement avec ce qui appartient à l'invention et devient partie intégrante de ce qui constitue le *Génie.* Le coloris du *Déluge de Nicolas Poussin* est en même temps vrai, expressif et poétique. La belle *descente de Croix de Rubens,* son célèbre tableau de *l'adoration des Mages* et celui de *l'assomption de la Vierge,* font voir de grandes perfections dans ce que j'entends par *poétique du coloris;* cependant l'éclat et la vigueur que présentent généralement les productions de *Rubens,* ne sauraient être mis en parallèle avec la vérité et la perfection du coloris des beaux tableaux de *Titien* et de *Paul Véronèse.*

L'art du coloris, comme je l'ai dit, a aussi son *originalité* et sa *singularité.* Ce genre d'originalité existera dans les grands éclats de lumière, si remarquables dans les peintures de *Caravage* et de *Féti;* dans le système adopté par *Rembrant,* comme dans

les *pastiches* de *David Teniers*, qui avait le talent
d'imiter le *faire* et le *coloris* de tous les peintres ; et la
singularité dans le coloris se trouve dans les tableaux
de *Tiépolo*, de *Diétric*, de *Franc* de *Liége*, et plus
particulièrement encore dans les peintures des Anglais.

En parlant du coloris, M. *Lens* a dit dans un mémoire intitulé : *du bon Goût, ou de la Beauté en Peinture :* « Il est impossibe de parler de toutes les com-
» binaisons dont les couleurs sont susceptibles, puis-
» que leur effet est produit par le contraste de celles
» qui les avoisinent. Cette opposition doit varier en-
» core, selon que la composition le demande ». Les
propositions de M. *Lens* sont incontestables. Si j'examine la première, je conviendrai qu'il est difficile de
saisir, au premier coup d'œil, toutes les nuances que
la nature nous présente dans son immense tableau ;
mais j'ai la preuve, qu'à l'aide de l'observation et de
la doctrine, on peut arriver à des résultats satisfaisans, même extraordinaires ; l'école vénitienne en est
un exemple. Quant à la seconde proposition du même
auteur, je prouverai qu'un peintre en s'identifiant
au sujet qu'il veut rendre sur la toile, peut faire
coïncider le coloris de son tableau avec la composition, comme avec le dessin et les expressions, les
principales parties de l'art de peindre.

§. 1. — Indépendamment du génie et de la disposition naturelle, ou peut entendre parfaitement l'art
du coloris, parce que cet art est soumis à un mode
et à des règles certaines. Tous les Vénitiens qui ont

pratiqué la peinture, ont excellé dans l'art du coloris, sans avoir ni l'organisation ni le génie de *Titien*. Il en est de même des peintres flamands, qui ont eu *Rubens* pour chef: tous ont également entendu l'art du coloris. Les peintres espagnols ont été coloristes, parce qu'ils ont séjourné à Venise et dans la Flandre (1). Quelques peintres anglais ont conservé une

----

(1) En 1629, *Velasquez*, célèbre peintre espagnol, né à Séville en 1599, passa à Venise, où il fit plusieurs copies d'après les chefs-d'œuvre de Titien, de Paul Véronèse et de Tintoret. On cite, entr'autres copies de ce grand peintre, celle du fameux *Calvaire* de Tintoret, ainsi que celle du *Christ donnant la communion à ses disciples,* dont il fit présent au roi d'Espagne. Dans le voyage que Rubens fit en Espagne, en 1628, il se lia d'amitié avec Velasquez.

Pierre de Moya, coloriste célèbre, né à Grenade en 1610, passa en Flandre pour y perfectionner son art, et fut reçu dans l'atelier de Vandick à titre d'élève. Après la mort de son maître, qui arriva en 1641, il rentra dans sa patrie, où il produisit plusieurs chefs-d'œuvre.

Barthélemi Esteban Murillo, plus connu sous le nom de *Murillos,* né à Séville en 1618, parmi les célèbres peintres espagnols, et considéré comme le plus grand coloriste. Quoiqu'il ne put aller en Italie et en Flandre, comme il le désirait, il copia avec fruit les tableaux de Vandyck, qui ornaient Séville, et forma tellement son goût, par ce travail, qu'il perfectionna même la manière que lui présentait ses modèles; ce qui lui valut le titre de Chef de l'École *Flamenco-Espagnole.* La nature lui avait donné le génie du coloris, ce que nous avons apprécié nous-mêmes par la vue des tableaux que Murillos peignit en 1665, pour *Sainte-Marie la Blanche,* et qui furent exposés au Musée de Paris. Mais, parmi ces belles productions de l'Espagne,

réminiscence des principes de *Vandick*, qui a long-temps séjourné chez eux ; mais on remarquera que l'art du coloris en Angleterre ne s'y présente que rarement, et qu'il n'y paraît que comme une fleur étiolée.

Les Français, à la vérité, n'ont pas entendu l'art du coloris ; ils se sont attachés à d'autres parties aussi essentielles à bien pratiquer. Le génie des grandes conceptions, la science du dessin et le talent de bien peindre, ou de bien manipuler la couleur, ont été leur partage. Si Louis XIV, si grand dans sa munificence pour les lettres et les arts, en établissant une école de Peinture à Rome, pour perfectionner l'étude des Élèves, en eût fondé une semblable à Venise et en Flandre, la France aurait eu des coloristes comme les autres nations européennes. Le génie à part, je crois avoir suffisamment indiqué que l'art du coloris, réduit à des principes certains comme le dessin ou toute autre science, peut se démontrer et s'enseigner dans les écoles.

---

dont nous avons joui pendant quelque temps, le plus beau tableau de Murillos, selon moi, est celui représentant *Sainte-Élisabeth*, reine de Portugal, morte en 1336, à l'âge de 65 ans, et canonisée en 1625, par Urbain VIII ; qu'il fit en 1674, pour la Charité de Séville. Cette reine vertueuse, bonne et bienfaisante envers les pauvres, y est représentée dans un hopital, faisant elle-même le pansement des teigneux et des galeux.

D'après ce qu'on vient de lire, il paraît certain que l'art du coloris ne fut véritablement perfectionné, en Espagne, que vers la fin du *seizième* siècle.

§. II. — L'Ecole vénitienne est la première école pour l'art du coloris ; *Titien*, né à Cadore dans le Frioul, en 1477, en est le fondateur. Ce grand peintre fut l'introducteur des beaux principes du *coloris* et du *clair-obscur*. Quelle douceur dans les contours de ses figures ! Il les fondait tellement sur les bords, qu'ils ne produisent à l'œil la forme d'un corps que par la perspective aérienne, et que par la distance que doit observer le spectateur pour examiner le tableau. Que de vigueur, que de finesse dans les ombres !... que de pureté et d'harmonie dans l'entente général et dans le coloris de ses tableaux !.. *Titien* avait tellement étudié la valeur de la lumière, et l'effet que doit produire un corps posé près d'un autre corps, et celui d'un ton placé à côté d'un autre ton ; il rendait les effets de la nature avec une telle magie, qu'en voyant ses productions on oublie que c'est de la peinture.

J'ai copié plusieurs tableaux de *Titien*, dans une des premières galeries de l'Europe, où j'ai été à même d'étudier la manière de peindre de ce grand maître. J'ai remarqué que *Titien* employait des toiles ou des panneaux imprimés en blanc ; qu'il ébauchait ses tableaux très-solidement, en mettant beaucoup de couleur qu'il tenait brillante et le plus clair possible. Il donnait à ses ombres la valeur de la lumière, parce qu'il ne considérait l'ombre que comme un accident, et il revenait ensuite sur cette préparation avec des couleurs légères, fraîches pour la lumière et plus foncées pour l'ombre ; c'est cette manière de peindre que l'on appelle *peindre par glacis*. Jamais *Titien* n'a posé sur ses tableaux un ton cru, entier ou isolé d'un autre ton, et ses couleurs sont tellement fondues et amalgamées les unes avec les autres, qu'au premier aperçu de ses ouvrages, on ne voit qu'une masse d'harmonie.

Ce peintre justement célèbre avait un art particulier pour peindre les étoffes, et j'ai observé qu'il les peignait d'abord en blanc ou en jaune et qu'il les préparait ainsi à recevoir la teinte colorante dont il avait besoin pour l'effet général de son tableau. Je veux dire, que *Titien* préparait ses draperies en *jaune* pour les faire rouges ou vertes, et en *blanc* pour les faire bleues ou violettes ; et lorsque la première préparation était bien sèche, il passait par-dessus des couleurs transparantes, fortement étendues d'huile bien épurée, et propres à colorer en *rouge*, en *vert* ou en *bleu*. Les rouges des carnations, ainsi que les touches vigoureuses et les glacis étaient les derniers tons qu'il posait. Cette excellente méthode, mise en pratique par *Titien* fut le résultat de l'observation ; il étudiait continuellement la nature ; il l'a prise plus d'une fois sur le fait et elle va servir d'autorité à ce que je viens de dire de sa manière de peindre les draperies, car j'ai observé que les fruits commencent par être blancs, avant d'arriver à la couleur qu'ils doivent avoir. Ils passent ensuite à la couleur verte, puis au jaune et enfin au rouge. La pêche, l'abricot, la prune et principalement la pomme d'api en fournissent l'exemple.

A tout ceci, j'ajouterai une dernière proposition

sur la manière de peindre de *Titien*. Avant de peindre aucun personnage, il couvrait le fond du tableau en totalité. Je veux dire que si la scène qu'il avait à peindre se passait dans la campagne, dans un palais ou dans tout autre lieu, il commençait par le paysage ou l'architecture ; puis, il plaçait les figures en suivant l'ordre de la composition qu'il avait arrêté, en les peignant plan par plan, toujours en commençant par les plus éloignées. Cela est si vrai que dans les figures du dernier plan on apercevra toujours les tons du fond, sur lequel elles reposent, percer à travers les draperies ou les carnations. C'est ainsi que les figures et les accessoires des tableaux de *Titien* s'harmonisent, se fondent et arrivent à la plus grande vigueur, en se dégradant selon les principes de la lumière du jour, et en empruntant le ton qui leur est particulier du coloris général. En effet, elles ne s'isolent et ne se détachent de tout ce qui les entoure que par une couleur plus fortement prononcée, mais graduée en raison de la place et du plan qu'elles occupent. Voilà comment on peut concevoir l'harmonie d'un tableau ; c'est précisément ce que présente l'ouverture d'un opéra. Le motif principal, dont la symphonie se compose suivant les règles, doit se fondre avec les phrases musicales qui en sont l'ornement et qui lui sont étrangères ; mais aussi il doit se reproduire assez souvent pour qu'on ne le perde pas de vue, et frapper agréablement l'oreille, quoique varié dans les différens tons par lesquels le musicien le fait passer.

Paul Véronèse, élève de *Titien* a poussé l'art du

coloris au plus haut degré de perfection, ce qui est démontré par l'effet que produisent les beaux et magnifiques tableaux de ce grand maître que l'on voit au Musée du Roi. La savante et belle manière de peindre de *Titien* et de *Paul Véronèse* fut enseignée avec tant de succès à Venise que la réputation de cette école balança en peu de temps celle des écoles romaine et lombarde.

Les Vénitiens peignaient la nature telle qu'elle est; les Flamands la peignaient à travers une glace.

§. III. — *Pierre-Paul Rubens*, né à Cologne en 1577, si justement placé au nombre des grands coloristes s'était fait un système de coloris tout-à-fait différent de celui de *Titien*. J'ai vu que les toiles ou les panneaux en bois dont il se servait pour ses tableaux étaient couverts d'une couche de céruse blanche pure, broyée et délayée à la colle. Il est de fait que les teintes colorantes qu'il posait sur cette préparation ne poussaient jamais au noir et se maintenaient aussi fraîches qu'il les avaient faites sur la palette. Les anciens auteurs disent, qu'outre les peintures sur les murailles que faisaient les peintres Grecs, ils préféraient l'emploi des *tables de bois* couchées en blanc. Voici comment *Rubens* opérait.

Lorsque *Rubens* avait dessiné le sujet qu'il avait à peindre, il en arrêtait les contours à la pierre noire et passait sur la totalité de la toile, ou du panneau, une couche d'huile d'œillet bien blanche et dégraissée qu'il laissait sécher jusqu'à ce qu'elle eût entièrement pénétré la couche de céruse. Cela fait, il ébauchait légèrement les fonds et les ombres, en tenant les demi-tons plutôt gris que colorés, et il chargeait fortement de couleurs les lumières des premiers plans, tandis qu'il ménageait successivement cette matière pour les second, troisième et quatrième plans, et ainsi de suite. Cette préparation terminée, *Rubens* revenait sur son ouvrage avec des couleurs légères ou des *glacis* sur les fonds comme sur les ombres, toujours en conservant la force des teintes et la solidité de la matière pour les plans les plus avancés, sur lesquels il revenait encore une fois avec des glacis vigoureux pour arriver à l'illusion complète de la nature. On observera, que la plupart des figures qui occupent le dernier plan sont à peine tentées, qu'elles ne ressortent du fond du tableau, dont elles laissent apercevoir la première couche, que par les contours et par quelques touches de couleurs mises à plat et posées isolément comme les pièces d'une mosaïque; et qu'enfin, ce peintre célèbre conservait pour la fin de son travail, ou pour le perfectionnement de son ouvrage, les tons rouges et les reflets que les carnations et les draperies empruntent de tout ce qui les entoure. *Van Dick*, *Jacques Jordaëns*, *Diepembeck*, *Scheneyders*, *Van Thulden*, ses élèves, ont suivi la manière de faire de leur maîtres. Les succès de *David Teniers*, dans le coloris, sont dus à l'étude particulière qu'il fit des tableaux de *Rubens*, que l'on considérait dans l'école flamande comme les seuls modèles à suivre dans l'art de peindre.

Ce qu'il y a de plus remarquable dans les productions de *Pierre-Paul Rubens*, c'est que non-seulement ses couleurs sont variées autant que les sujets qu'il a entrepris de peindre ; mais encore la teinte locale, le coloris général ou le système harmonique de la totalité du tableau est toujours celui qui convient au sujet traité. *Rubens* est peut-être le seul peintre qui ait poussé cette partie de l'art au plus haut degré ; partie que j'appelle *génie du coloris*. Ce que je propose ici à mes lecteurs sera bientôt une démonstration s'ils veulent se donner la peine d'examiner avec attention les tableaux de *Rubens* qui décorent le Musée du Roi.

§. IV. — De tous les peintres célèbres de l'école française, sous le règne de Louis XIV, trois seulement ont mérité le titre de *coloristes* ; *Blanchard*, *Jouvenet* et *Lafosse*. Des grands artistes que je viens de nommer, *Blanchard*, seul, si j'examine son tableau de la *Pentecôte*, qui était à Notre-Dame, me paraît mériter la palme avec le titre de coloriste. Il y a dans la composition de ce tableau, du naturel, de l'aisance et de la grâce ; on y remarque aussi une belle entente de la dispersion de la lumière, et il y règne une harmonie douce et suave qui charme les yeux les plus habitués au coloris vénitien.

Si, ensuite, je passe à l'examen général des productions de *Jouvenet*, je ne trouve point d'étude de la nature dans sa manière de dessiner, point de vérité dans les nus, point de noblesse dans le choix des formes, et point de style dans les draperies ; et si je détaille le coloris de ses tableaux, je ne trouve pas les demi-teintes savantes et moëlleuses de *Titien*, ni les brillans effets de *Paul Véronèse*, dont le pinceau fait illusion sans être forcé; je n'y vois pas, non plus, la couleur forte et éclatante de *Rubens*. Le coloris de *Jouvenet* consiste dans des lumières jaunes adroitement dispersées sur les corps des personnages; dans des draperies vigoureusement nuancées et dans des ombres fortement attaquées, telles que le sont celles de *Caravage*; il avait des notions sur l'art du coloris, mais il n'en connaissait pas les élémens; et si on a comparé ses tableaux de Saint-Martin-des-Champs et la descente de croix qui est au Musée, aux chefs-d'œuvre de *Tintoret* qui décorent à Venise les salles du conseil, du scrutin et de la confrérie de Saint-Marc, c'est que l'on n'avait pas ceux-ci sous les yeux. Malgré leurs imperfections, les tableaux de *Jouvenet* brillent par le faste imposant de la composition, par des effets grandement conçus, et par une exécution facile et vigoureusement prononcée.

Si, enfin, je fais l'analyse des tableaux de la *Fosse*, je vois des figures lourdement dessinées et enveloppées de draperies chiffonnées au hazard, dont les plis sont arrondis au lieu d'être variés avec souplesse comme la nature les présente. Le coloris de la *Fosse*, vu dans son ensemble, n'est qu'une absorbtion de la lumière autour du groupe principal du tableau pour faire mieux ressortir les carnations tirant sur le jaune, des personnages dont il se compose. C'est ainsi que les peintures de la *Fosse* nous montrent les résultats d'une combinaison factice et qu'elles paraissent avoir été copiées d'après une assemblée de personnages que l'on aurait éclairée d'une lampe.

L'école française depuis sa nouvelle restauration a produit plus de coloristes qu'elle n'en avait eu jusqu'alors; la cause peut en être attribuée à l'oubli entier des routines académiques auxquelles les étudians avaient été rigoureusement assujétis. Outre le grand talent de M. *David*, auquel on est redevable de cette brillante et honorable restauration, on lui doit d'avoir formé les hommes les plus habiles dont nous admirons tous les jours les ouvrages, soit au Louvre ou à la galerie du Luxembourg; soit dans nos églises (1), ou chez M. le chevalier *Sommariva*, amateur distingué des arts. D'abord, il indiquait à ses élèves le genre de peinture auquel ils semblaient naturellement disposés ; il ne leur montrait jamais que la nature comme modèle du coloris et les belles statues de l'antiquité comme règle du dessin. En les laissant à leur libre arbitre dans les études, M. *David* les conduisait à la per-

---

(1) On doit à M. le comte *de Chabrol,* préfet du département de la Seine, l'invention de repeupler nos églises dévastées des productions de nos jeunes artistes. Ce magistrat éclairé, ami des lettres et des arts, consacre tous les ans un fond particulier pour l'exécution d'un certain nombre de tableaux et de statues qui sont commandées aux pensionnaire du Roi venant de Rome. Déjà on voit dans quelques églises les résultats de cette bonne institution. Il est à désirer que cet exemple soit imité, et que nos administrateurs aient souvent des idées aussi heureuses.

fection sans qu'ils s'en doutassent et il se gardait bien de leur proposer ses ouvrages à imiter ; c'était un exemple donné à propos, un mot de reproche adroitement glissé ou une épigrame fine sur l'imperfection du travail. Cette conduite sage et mesurée me rappelle une leçon du même genre que *Michel-Ange* donna à un jeune peintre fort épris de son propre ouvrage ; il lui apportait un tableau qu'il avait fait, en prenant des peintres les plus habiles, une attitude, une tête, des bras et des jambes. — *Cela est fort bien, mon ami,* lui dit Michel-Ange, *mais que deviendra votre tableau au jour du jugement, quand chacun reprendra les membres qui lui appartiennent.*

Le jeune artiste corrigé de la bonne opinion qu'il avait de lui-même par la leçon sévère de *Michel-Ange,* retourna à son atelier, fit de nouvelles études et devint un des plus habiles peintres de son temps : le fait, dit-on, se rattache à *Léonard Salviati,* qui dans la suite obtint l'amitié de *Michel-Ange.*

A l'école savante et nombreuse de M. *David,* se sont jointes celles de MM. *Vincent* et *Regnauld :* voilà comment l'école française s'est renouvelée en professeurs les plus habiles et en maîtres les plus distingués dans les différentes parties que l'art de peindre embrasse. Depuis sa restauration aucune école de peinture ne saurait se comparer à celle de la France ; elle a fait des pas de géans et laisse toutes les autres derrière elle.

Les tableaux de la *Peste* de *Jaffa* et de *Charles-Quint visitant les tombeaux de l'église de Saint-Denis,* par M. le chevalier *Gros,* sont des ouvrages parfaits dans l'art du coloris ; si le dernier, dans ses lumières fines et dans ses demi-teintes suaves, a des rapports avec les belles productions de *Titien*, le premier rappelle le *grandiose* et la *vigueur* de ceux de *Paul Véronèse*. On doit aussi beaucoup à M. *Mérimée*, secrétaire perpétuel de l'école des beaux-arts ; il a fait des essais sur l'art du coloris, et ses connaissances en chimie, par l'heureux emploi qu'il en a fait dans ses tableaux, n'ont pas peu contribué à lui procurer des résultats satisfaisans.

Le tableau représentant l'*Innocence*, de M. *Mérimée*, que l'on a vu au salon et qui a été si habilement gravé par M. *Bervic*, donne une idée parfaite de l'esprit et du talent de son auteur.

Au lever du soleil, entre deux rochers garnis de mousse et ombragés par des arbres qui laissent apercevoir le ciel dans le lointain, on voit une jeune fille, vêtue d'une simple chemise qu'elle relève pour contenir les fleurs qu'elle a cueillies sur sa route ; de son bras gauche elle tient une colombe, le symbole de son innocence. A l'instant où elle se disposait à se reposer aux bords d'une fontaine pour jouir à l'aise du petit butin qu'elle venait de ravir à la déesse des fleurs, un serpent énorme, sortant d'un vieux chêne enlassé de ronces, s'élance sur elle en sifflant. L'innocente fille à qui l'animal était inconnu, supposant qu'il venait lui demander sa subsistance et n'en ayant pas plus d'effroi que de sa colombe chérie, lui présente le morceau de pain qu'elle tenait de ses parens pour son repas du matin.

Ce tableau que l'on peut considérer comme un apologue charmant, joint à la fraîcheur du coloris beaucoup de grâce dans le dessin et infiniment de délicatesse dans l'exécution. On admire surtout le parti spirituel que M. *Mérimée* a pris en jetant une demi-teinte sur la partie inférieure du corps que la jeune personne laisse à nud par l'attitude qu'elle a prise pour retenir dans son petit vêtement les fleurs qu'elle avait ramassées sur son passage.

§. V. — L'usage fréquent que les peintres de l'ancienne école française ont fait des toiles préparées ou imprimées en *rouge*, n'a pas peu contribué à rendre le coloris de leurs tableaux sombre et triste. On sait que le *brun rouge* dont on se sert pour cette préparation n'est qu'un oxide de fer brûlé, qui pousse continuellement au-dehors; c'est-à-dire, qu'amalgamé selon l'usage avec la litharge et l'huile, il se montre à nud sur la surface du tableau, dévore les couleurs fraîches dont on l'a recouvert, et s'empare des lumières aussi bien que des ombres. Un second inconvénient se présente : cet oxide passé au feu et uni à la litharge perd entièrement la substance onctueuse, si nécessaire à l'union d'un corps avec un autre corps; il dessèche et durcit les couleurs, corrade la toile, la rend cassante et fait écailler la peinture qu'elle a reçu. *Poussin, Le Brun, Bourdon, Jouvenet, Champagne, la Fosse, Baptiste,* et beaucoup d'autres peintres célèbres du siècle de Louis XIV, ont peint sur des toiles imprimées en rouge.

Si je parle ici de cet inconvénient qui, en apparence, n'a point de rapport avec le sujet que je traite, c'est seulement pour rappeler aux peintres de notre école qu'ils ne sauraient mettre trop de soin dans la préparation des toiles dont ils font usage, parce que cette préparation est de la plus haute importance dans la perfection du coloris; et pour les avertir, en même temps, du danger que pourraient encourir leurs belles productions s'ils faisaient l'emploi d'impressions rouges : impression qui n'a d'autre avantage que celui d'être favorable à la paresse, parce qu'elle donne, pour l'instant, plus de vigueur aux ombres, plus d'éclat aux lumières, et qu'en conséquence elle produit plus promptement l'effet que l'on veut obtenir.

§. VI. — Avant de terminer mes observations sur le coloris, je dirai un mot sur la prétendue *incompatibilité* du dessin avec le coloris, paradoxe que je n'admets point et que je vais combattre. Je commencerai par faire connaître ce qu'en peinture on appelle *coloris*.

Le coloris est le résultat plus ou moins heureux des substances colorantes que le peintre pose dans les contours des figures du tableau qu'il fait, pour arriver à l'imitation parfaite de la nature. Si le coloris est soumis à des règles certaines dans son emploi, il est aussi la conséquence du *génie* et de l'organisation physique du manipulateur, et il présentera autant de nuances dans les résultats qu'il y aura de tempéramens différens parmi les peintres; c'est-à-dire, que le sanguin ne verra pas le coloris de la nature comme le billieux le voit; et que le flégmatique sera dans le même cas à l'égard du colérique. Il se présentera encore des variétés dans le coloris de chaque peintre suivant son organisation particulière, même en lui accordant l'un des tempéramens reconnus. Ce que je vais rapporter va servir de démonstration à ce que j'avance.

Au nombre des élèves de *Gabriel-François Doyen*, peintre du Roi, et professeur de l'académie, je rappellerai dans cette circonstance le résultat d'une observation que j'ai été à même de faire, puisque j'étais partie co-agissante dans le fait dont il s'agit. A des jours fixes, les élèves au nombre de quarante se réunissaient dans l'atelier du professeur pour y peindre le modèle vivant. J'ai remarqué, que chaque élève en copiant le même sujet présentait, quant au coloris, une copie différente. En effet, il n'y avait rien de plus curieux pour un observateur, que de voir quarante personnes rangées autour d'un homme nud, cherchant à l'imiter de son mieux, le peindre, les uns gris, rouge ou jaune, et les autres violet, brun ou vert : je veux dire que les études académiques étaient diversement nuancées dans l'ensemble du coloris, autant qu'il y avait d'individus peignant. Cependant la séance terminée, en isolant chaque copie, elle faisait illusion, elle était une imitation parfaite du modèle; et la bigarrure du coloris, qui frappait la vue par la présence de la nature et par la réunion des études, disparaissait entièrement. Cela prouve, par le fait, que chaque individu qui professe l'art de

peindre, voit la nature d'après son organisation physique et suivant ses affections morales. Voilà la cause
de la grande variété qui existe dans la conception
aussi bien que dans le coloris d'un tableau.

Le coloris est indépendant du dessin, mais il devient nul sans sa participation.

Si le *clair-obscur* fait partie du coloris, ce que l'on
appelle *effet* en est indépendant, car on peut produire
beaucoup d'effet avec du *noir* et du *blanc* ; les célèbres
Camaïeux de *Guiéras* qui font l'ornement de l'église
cathédrale de Cambray, et ceux de *Sauvage* que l'on
a remarqué plus d'une fois au salon du Louvre, en
sont un exemple. C'est ainsi que les belles gravures de
Bolswert de *Pontius* d'après *Rubens*, celle de *Rembrant*,
et en général toutes les gravures bien conduites,
produisent un grand effet avec du noir et du blanc,
par la dégradation bien entendue de l'ombre et le
placement exact de la lumière sur les différens corps
qui concourent à l'ensemble du sujet traité.

Le dessin est indépendant du *coloris* et de l'*effet.*

Je dis qu'il y a compatibilité entre la perfection
dans le dessin et la beauté dans le coloris.

Il serait absurde de dire que l'entente de la lumière
avec les demi-teintes et l'ombre ; que la vigueur de
la touche, ainsi que le laisser aller qu'exige souvent
le maniement du pinceau dans la fonte des couleurs,
ne peuvent s'obtenir qu'au dépens du dessin. Il n'y
a que des hommes nullement exercés dans l'art de
peindre, ou ceux qui n'auraient pas pris la peine
d'examiner les productions des grands maîtres qui
parleraient ainsi.

Si *Michel-Ange* et beaucoup d'autres grands dessinateurs ne sacrifièrent jamais à l'art du coloris, il ne faudrait pas en conclure qu'il n'y a point d'affinité entre le dessin et le coloris. Le coloris de *Raphaël* dans son tableau du *sommeil de l'Enfant-Jésus*, comme dans ceux de *la Sainte-Famille* et de la *Transfiguration*, n'est-il pas celui qui convient au sujet traité? C'est cette unité intime dans toutes les parties constituantes de l'art de peindre, qui établit réellement la perfection. On pourrait bien ne pas reconnaître, comme perfection dans le coloris, la belle manière de peindre de *Raphaël*, parce qu'on n'y trouve pas ces jets de lumière hasardés qui éblouissent, les empâtemens de couleur qui en imposent, et cette affluence de tons qui appartient plus à la prétention du peintre qu'à l'imitation de la nature. Si on le pensait jamais, il faudrait le taire..... Dirat-on, que le célèbre tableau de *Nicolas Poussin*, représentant le *Déluge* n'est pas bien colorié, parce que la teinte générale est grise, sombre, et que le peintre dans cette image parfaite d'un désordre semblable nous montre la nature couverte d'un voile funèbre? Ce tableau, selon moi, remplit toutes les conditions de l'art, et je le présente aux étudians comme un modèle de ce que j'appelle *peinture poétique*.

Il est de toute vérité, que le coloris des beaux tableaux de *Raphaël* a beaucoup d'affinité avec celui de *Titien*. Je dirai à l'avantage du dernier qu'il mettait plus de méthode et plus de soin dans la facture de son coloris que n'en a jamais mis *Raphaël*. Je dirai encore : si les tableaux de *Raphaël* ont poussé au noir, ce n'est pas parce qu'il ne connaissait pas l'art du coloris, mais parce qu'il ne savait pas le diriger comme *Titien* ; et si *Titien* n'a pas toujours déssiné aussi correctement que *Raphaël*, c'est que cette partie de l'art n'était pas perfectionnée dans l'école de Venise, comme elle l'était dans celle de Rome.

Les différentes positions géographiques, la différence des mœurs et des habitudes, la vue continuelle des hommes avec lesquels on est, et surtout l'organisation du gouvernement sous lequel on vit, influent singulièrement sur les productions des beaux arts. Les tableaux Vénitiens nous présentent des compositions riches, fastueuses ; l'or, la pourpre, le velours, le satin et les broderies y jouent le plus grand rôle ; elles sont généralement gaies, rien n'y est avili ; et souvent les sujets qu'elles représentent prennent le mouvement et l'allure d'un jour de fête. C'est l'image d'une nation amie des plaisirs, riche et heureuse. Les tableaux des peintres Romains sont austères dans la composition, sévères dans le style comme dans le dessin et dans le coloris. Les autres écoles ont aussi leur caractere particulier.

Rubens n'a pas dessiné, ajoutera-t-on encore aux objections que l'on pourrait faire ? Je réponds : si *Rubens* a péché contre les régles du dessin, ce n'est pas par ignorance ; car il était fort habile dans cet art. Ce n'est pas non plus qu'il pensa jamais à l'*incompatibilité* du coloris avec le dessin, s'il n'a pas toujours soigné la pureté du trait, et s'il a souvent négligé l'emploi des belles formes. Cette prétendue incompatibilité est un sophisme, accrédité dans l'enseignement par quelques professeurs des temps modernes. Le beau Chris· de la *descente de croix* d'Anvers par *Rubens* ; le *Ganymède*, si bien dessiné dans le tableau du même peintre, qui ornait la galerie du duc d'Orléans, sont une preuve que ces deux qualités sont compatibles et qu'elles peuvent se marier ensemble.

D'après cela, je dirai, il y a compatibilité dans le dessin et le coloris. Il est de fait, que l'on ne s'est jamais aperçu, que *Titien* ait sacrifié le dessin au coloris. Les contours des figures représentées dans ses tableaux se fondent, à la verité, avec les couleurs environnantes, mais ils sont conservés dans toute leur pureté.

Titien avait une telle intelligence du *clair-obscur* qu'en approchant de ses tableaux on ne voit aucun trait, aucun contour ; mais, à fur et à mesure que l'on s'éloigne, les traits et les contours des figures se distinguent et prennent la place qui leur convient. Voilà l'art du coloris dans toute sa perfection. C'est dans cet art magique que *Titien* excellait, on en sera convaincu si on examine ses tableaux avec attention.

Paul Véronèse ne dessinait pas toujours correctement, mais il savait aussi bien que son maître conserver ses contours avec netteté, et les amalgamer aux tons environnans. J'ai vu, dans ses tableaux, des figures, se détachant sur un fond de ciel, dont le trait était dessiné au pinceau sur le ciel même et isolé de trois lignes, au moins, du corps ombré ou lumineux, de manière que la couleur du ciel produisait un demi-ton entre la lumière ou l'ombre de la figure et le fond sur lequel elle se détachait. Ce système d'exécution, qu'il a répété souvent, produit le plus grand effet. Je reviens au fondateur de l'école flamande.

Si *Rubens* n'a pas toujours rempli les conditions qui sont l'objet de mes observations, c'est, 1.º parce qu'il se trouvait continuellement avec des hommes et des femmes d'une stature peu noble, dont les formes, amolies par l'usage fréquent du beurre et de la bierre, ne lui présentaient que de la chair, de la graisse et point de muscles prononcés ; mais un coloris frais, une peau transparente et rosée. *Rubens* a peint la nature telle qu'elle se présentait à ses yeux ; ses tableaux faits en Italie, beaucoup mieux dessinés que les autres, en sont la preuve. Comme je l'ai dit plus haut, l'homme est généralement imitateur ; il se façonne avec ceux qu'il fréquente, et s'identifie avec ce qu'il voit journellement ; c'est par cette raison que les Grecs ont posé les limites du beau dans les arts dépendans du dessin.

2.º L'extrême facilité de *Rubens* a généralement nui à la perfection de son dessin. *Rubens* a considérablement produit, entraîné par l'excessif amour de son art et par la vivacité de son imagination ; il n'avait pas plutôt conçu un tableau, qu'il était peint et terminé. S'il est vrai, comme on le dit, qu'il ait peint les *vingt-quatre* grands tableaux de la galerie du Luxembourg, en deux ans, rien ne prouvera mieux son extrême facilité et la vérité de ce que j'avance. D'ailleurs, on sait que *Rubens*, outre les nombreux travaux dont il fut chargé, comme peintre, par les divers souverains de l'Europe, avait aussi des devoirs à remplir en qualité de chargé d'affaire et d'ambassadeur de son gouvernement.

Enfin, je suis persuadé que si *Rubens* fût né en Italie, avec les dispositions qu'il avait reçues de la nature, à l'époque où *Raphaël* a reçu le jour; que s'il eût été, comme *Raphaël*, l'élève de *Perugin*, il aurait connu les élémens d'une bonne manière de dessiner, vivant au milieu des productions de l'antiquité; je suis persuadé, dis-je, qu'il aurait rectifié son goût, en supposant même, d'après ses dispositions, qu'il aurait été vicieux. Dans cette position *Rubens* serait devenu un peintre parfait, parce qu'il aurait nécessairement uni la perfection du coloris à la pureté du dessin. Je hasarde cette hypothèse, parce qu'elle m'a paru démonstrative. Je ne finirais pas si je voulais analyser toutes les productions des grands maîtres qui ont atteint la perfection dans l'art du coloris, et si je voulais les comparer les unes avec les autres; car chacune d'elle a des nuances distinctives, qui sont nées de l'organisation des peintres auxquels elles sont dues.

CHAPITRE VII.

Après avoir fait connaître ce que l'on entend par *clair-obscur* dans l'art de peindre, à cette définition j'ai ajouté celle du *coloris*, parce que l'une est la conséquence de l'autre ; maintenant, je ferai sentir l'utilité de l'*imagination* et de la *mémoire*, dans les arts en général.

L'*imagination* est une faculté qui appartient à la constitution individuelle ; la *mémoire* est son principal aliment ; et elle est également nécessaire dans la pratique des beaux-arts. Ce que l'imagination enfante existe : cette faculté est beaucoup plus développée chez les femmes que chez les hommes. Les épisodes, les allégories, et en général toutes les idées accessoires qui embélissent un sujet, qui l'égaient ou le rembrunissent suivant les convenances, sont du ressort de l'imagination ; elle peut être considérée comme une partie des principes généraux qui constituent les beaux-arts ; mais elle doit toujours être soumise à la raison. Je vais traiter cette question dont le développement ne sera pas sans utilité dans le travail que je me suis proposé.

§. I. — Le poète ainsi que le peintre, le sculpteur et le musicien, avant d'écrire, de former un trait, et

de déterminer un son, fixent ordinairement leurs idées
sur un sujet qu'ils puisent dans la vie commune des
hommes, ou qu'ils tirent des Annales des nations.

Ils doivent se recueillir, et commencer par arrêter
dans leur esprit l'ensemble général du sujet qu'ils veulent traiter, et l'envisager sous tous les points de vue
qu'ils veulent présenter à leurs auditeurs ou à leurs
spectateurs; s'ils veulent réussir dans leur entreprise,
leur imagination doit leur faire voir leur sujet tel
qu'il sera après son exécution. Ce n'est que par la
réunion des parties qui composent les beaux-arts,
qu'ils prennent une forme raisonnée; c'est donc par
la liaison complète de ces parties entre elles, bien
coordonnées et fortement combinées dans leurs principes, harmonieuses et nécessaires dans l'ensemble
du sujet traité, que les productions des beaux-arts
reçoivent la vie, qu'elles captivent les sens, qu'elles
fixent les idées, qu'elles arrêtent les regards, et
qu'elles éveillent l'imagination des peuples. C'est avec
des chants, des poèmes et des images peintes ou
sculptées, que les prêtres de l'antiquité ont tourné
l'esprit des peuples, vers la méditation et qu'ils les
ont insensiblement conduits à la civilisation comme
à la vertu. Dans ses ouvrages, le poète dessine les
hommes de toutes les espèces de toutes les classes et
de toutes les nations; il met les passions en mouvement, les combine, les rapproche ou les écarte suivant
ses besoins; il établit des scènes tendres, pathétiques,
terribles ou cruelles; enfin, il met sous les yeux de ses
lecteurs, ou de ses auditeurs, des tableaux de différens

genres, qui, quelquefois, sont imités par les peintres et les statuaires. Les mots et les expressions du langage sont les instrumens du poète; ils sont pour lui ce que les formes du dessin et les couleurs du prisme sont pour le peintre, la cire ou la terre pour le sculpteur; il module les expressions à son gré, adoucit ou fortifie les caractères; il emprunte aussi dans la facture de ses vers la douce mélodie du chant; et le Dieu qui inspirait *Homère* et *Virgile*, *Corneille*, *Molière*, *Racine* et *Voltaire*, descend du haut des cieux pour couronner son ouvrage.

Le peintre d'histoire veut rivaliser avec le poète; et c'est ordinairement dans les ouvrages de celui-ci que le premier puise les sujets qu'il veut peindre. L'artiste fixe d'abord son regard sur le point qui le saisit et suspend, en quelque sorte, ses facultés morales : il reste muet; mais bientôt après son imagination s'enflamme; le génie de la peinture agrandit ses idées; sa pensée se développe; il en crée de nouvelles et devient poète à son tour. Le poète lui-même, inspiré par le chef-d'œuvre du peintre qui a saisi un seul trait de ses strophes, s'enflamme une seconde fois à la vue du chef-d'œuvre de l'artiste, et compose un poème nouveau sur le tableau qu'il voit et dont il a provoqué lui-même l'exécution.

Nous avons, dans la poésie et dans la peinture, des exemples frappans de cette inspiration réciproque, naturellement provoquée par la lecture, ou l'audition d'un chef d'œuvre du peintre ou du poète. Tout le monde connaît la belle composition de *Rubens* représentant une *fête Flamande*. Ici, le peintré a donné carrière à son imagination ; et il est impossible de trouver ailleurs des expressions plus vraies, des gestes plus variés et plus naturels, et plus de mouvement dans les groupes, soit qu'on les considère dans leur ensemble ou séparément. C'est une gaité qui est le fruit de l'imagination exaltée, mais qui n'en est pas moins un chef-d'œuvre. Enfin, cette composition, dans laquelle il y a aussi de l'*originalité* et de la *singularité*, dont on voit le tableau peint sur bois au Musée du Roi, a fait naitre une ronde villageoise en cinq couplets dans lesquels on trouve la même inspiration, les mêmes pensées et le même esprit. Et la preuve la plus convaincante de l'inspiration du poète à la vue du tableau, c'est que la coupe et la mesure des vers semblent être une imitation de la touche légère, brillante et facétieuse de *Rubens ;* cette chanson est fort ancienne, il est bon d'en rapporter ici un couplet, il servira de preuve à ce que je viens d'avancer :

RONDE VILLAGEOISE.

Remuons toutes les filles
Qui sont dedans ce hamiau ;
Qui voulont qu'ou les fretille,
En attendant le r'nouviau.
Y allons Gille, y allons Piarre,
Frappons du pied contre tarre,
Rebroussons noutre chapiau :
Tous les garçons de la tarre
Ne vallont pas une piarre,
S'ils ne jouent du gigotiau, etc , etc.

Comme on le voit, il est un enthousiasme divin qui rend les peintres poètes et les poètes peintres : la preuve que les poètes sont peintres, c'est que la cour entière de Louis XIV a reconnu le personnage que *Molière* a voulu ridiculiser dans le Misanthrope, en le désignant sous le nom de *grand flandrin de Vicomte*. D'ailleurs, s'ils n'ont pas l'un et l'autre, comme le dit *Pérault :*

> Ce feu, cette divine flamme,
> L'esprit de notre esprit, et l'ame de notre ame,

ils restent froids , et ne seront toute leur vie que de tristes ouvriers.

La poésie, la peinture, la sculpture et la musique, par les images du beau qu'elles nous présentent, élèvent notre ame, ennoblissent notre pensée, nous identifient avec les secrets de la nature, et nous dérobent aux ennuis de la vie. Le musicien compositeur, soutenu par la poésie, jouit des avantages du poète et du peintre; il est tous les deux à la fois, et s'empare de leurs moyens. Comme le poète se renferme dans le cadre qu'il se donne, et le peintre mesure la toile qu'il veut couvrir; de même le musicien dirige son orchestre, en raison du local qui lui est prescrit et dans lequel il doit circonscrire ses effets. En forçant ou en modifiant ses instrumens, le musicien peint la fureur, la tendresse et l'amour, les orages, le calme, le chant des oiseaux, le soufle de zéphyr et le courant de l'onde qui rafraîchit les bocages; la paix qui règne dans l'élysée, et la terreur qui commande au tartare. C'est ainsi que le musicien habile maîtrise les sens de ses auditeurs; c'est ainsi qu'il les captive, et qu'il leur fait éprouver les sensations qu'il éprouvait lui-même pendant le feu de la composition. *Hérodote* raconte que *Thimotée* , musicien célèbre, étant dans la tente d'*Alexandre* , roi de Macédoine, qui était assis, voulant faire preuve de la puissance de son art, sonna l'alarme avec tant de supériorité dans un moment inattendu, que le Roi, trompé par la vérité des sons qui frappoient ses sens, crût voir et entendre l'ennemi, se leva brusquement et courût aux armes, en criant comme un furieux : *où sont-ils?*....

Gluck, par la puissance de son imagination, a produit les plus grands effets dans les opéras d'Iphigénie, d'Alceste, d'Orphée et d'Armide. En homme de génie, il a peint tour à tour l'élysée et l'enfer, le chant de la fauvette et du rossignol, ainsi que les aboiemens de cerbère. Il a inventé, et introduit dans nos orchestres, des instrumens qui étaient inconnus, pour mieux exprimer l'accent des passions qu'il voulait peindre.

Grétry, doué d'une imagination douce et aimable, s'est rendu célèbre dans le genre comique et pastoral; c'est le génie de la nature; c'est le *Molière* de la musique, comme *Gluck* en est le *Michel-Ange* et le *Corneille. Grétry,* par les sons les plus mélodieux et les plus spirituels, étonne ceux qui assistent à la reprétation de ses ouvrages; il les transporte dans les Alpes, dans les montagnes de la Suisse ou dans nos campagnes, près d'un villageois, d'un seigneur ou d'un homme du monde. Après avoir entendu les opéras de *Grétry,* chacun en chante les airs; son imagination féconde et facile a produit plus de quarante pièces de théâtre, plus agréables et plus savantes les unes que les autres, que l'on joue souvent et que l'on admirera toujours.

Homère, chant 1.er de l'Iliade, suppose qu'*Apollon* jouant du luth se faisait accompagner des Muses. Les philosophes les plus sévères de l'antiquité recherchaient les Muses, aimaient la musique, et passaient pour en avoir ordonné l'usage aux hommes. *En paix*, disaient-ils, *elle donne du plaisir; à la guerre, elle donne du courage.* *Platon* et *Aristote* considérèrent l'étude de la musique comme une de celles sur lesquelles se fondent la bonne éducation. Tout ce que je viens de dire du musicien s'applique également au peintre, au sculpteur et au poète.

§. II. — Dans mon premier article sur le génie de *Michel-Ange*, j'ai donné un léger aperçu de l'*imagination* et de la *mémoire*; j'ajouterai quelques observations à ce que j'ai dit, parce que ces deux qualités sont essentielles dans l'art de peindre, comme je l'ai déjà prouvé et comme on le va voir encore.

L'*imagination* s'exalte plus facilement dans les régions du midi, que dans celles du nord. La nature y est plus active et fait sentir plus vivemens ses influences; c'est par cette raison que l'Orient, dans son état de splendeur et de civilisation, a été véritablement la mère patrie des sciences, des lettres et des arts. Les peuples du nord, plus calmes, perfectionnent ordinairement ce que ceux du midi inventent. *Winckelmann*, dans son *histoire de l'art*, s'exprime ainsi sur les causes de la perfection auquel l'art parvint chez les Grecs :

« La perfection dans les arts dépendans du dessin,
» doit être attribuée à l'heureuse influence du climat,
» à la constitution du gouvernement également favo-
» rable au génie des Grecs, à l'estime et à la considé-
» ration dont jouirent les artistes, et enfin à l'emploi
» et aux usages de l'art ». Les siècles les plus remarquables dans les beaux-arts sont ceux d'*Alexandre*, de
Périclès, d'*Auguste*, de *Médicis*, de *François* I.er, et
de *Louis XIV*. On a cherché en vain, dans les causes
morales et dans les causes physiques, la raison de cette
tardive fécondité suivie d'une longue stérilité. La véritable raison est que chez les peuples qui cultivent
les beaux-arts, il faut beaucoup d'années pour épurer
la langue et le goût; c'est ce que dit *Voltaire* dans son
histoire du siècle de Louis XIV.

La mémoire et l'imagination sont des qualités essentiellement nécessaires à ceux qui pratiquent les beaux-
arts. Le poëte, le peintre, le sculpteur et le musicien,
saisissent naturellement ce qui se passe dans le monde
pour le reporter ensuite dans un cadre plus resserré,
soit avec des modifications, soit avec des additions,
toutefois, en en faisant l'application convenable au
sujet qu'ils veulent traiter.

Molière, faisait paraître sur la scène française les
hommes du monde, de la cour et du peuple; et il
consultait sa servante sur la vérité des portraits. Le
grand *Condé*, pendant la représentation de *Sertorius*,
qu'il voyait pour la première fois, autant ému qu'é-
merveillé de la belle scène de l'entrevue de Sertorius

et de Pompée, interrompit le spectacle et s'écria : *où Corneille a-t-il appris l'art de la politique et de la guerre ?.... Vadé* fréquentait les halles de Paris pour mieux saisir l'esprit et le langage du peuple.—*Téniers*, composait ses tableaux dans les tavernes de la Flandre. Et *Greuse*, dont nous admirons encore la simplesse des attitudes et la vérité du coloris, a peint plus d'une fois le laboureur dans sa ferme, entouré de sa femme et de ses enfans.

A l'occasion de l'heureux emploi que l'on doit faire de la *mémoire* et de l'*imagination* dans les arts du dessin, j'ai parlé dans mon premier article de ces ames bienheureuses, qui, par la puissance de leur propre volonté s'élèvent dans les airs, sans aucun mouvement, que *Michel-Ange* a si bien peint dans son tableau du jugement dernier. Sans rappeler ce que j'ai dit à ce sujet, j'ajouterai plusieurs exemples du même genre en peinture. Les génies ailés, armés de glaives, protecteurs de *Constantin* contre l'empereur *Maxence*, que *Raphael* a placés dans le ciel de la bataille qui décore le Vatican, sont également le résultat de la mémoire; car, on conçoit que sans le souvenir des formes que le peintre avait préalablement étudiées d'après un modèle vivant, ou d'après les plus belles statues de l'antiquité, il n'aurait pas pu les composer, les dessiner et les peindre : cette grande et belle composition est le résultat de l'*imagination* et non pas du *génie*. J'observerai, cependant, qu'il y a de l'esprit dans l'invention des deux génies protecteurs de *Constantin*, visibles seulement pour les spectateurs; c'était, en effet, la seule manière d'exprimer pour quel Dieu l'empereur avait pris les armes.

Raphaël montre beaucoup plus de génie dans la figure seule du *père éternel débrouillant le cahos* qu'il a peint dans les Loges du Vatican, que dans le nombre considérable de personnages dont on admire, avec une juste raison, les poses, les expressions et le dessin dans la bataille de *Constantin* et de *Maxence*. Tout le monde connait la composition énergique et imposante du tableau qui ouvre la série de ceux qui forment la collection des Loges du Vatican, désignées sous le nom de *Loges de Raphaël*. Là, existe le *génie*, l'*imagination* et la *mémoire*; c'est bien la peinture d'un Dieu créateur tout-puissant, maître de l'univers, qui sépara le vide de la matière pour mettre chaque chose à sa place. Le *génie* est dans l'invention du personnage figuré avec une longue barbe, dont l'abondance des mèches se confond avec l'immense chevelure de sa tête : tels les Grecs virent, dans le temple d'Elis, la belle figure de Jupiter Olympien , sculptée par *Phidias* , le plus grand chef-d'œuvre qu'ait jamais produit l'esprit humain. L'*imagination* sera dans l'attitude, car il est comme étendu sur la totalité de l'espace immense où tout était confondu; on le voit séparer le feu de la terre et des eaux, et assigner à chaque élément des limites fixes et éternelles. Enfin, je trouverai la *mémoire* dans l'exécution du tableau, puisque le sujet est entièrement de création, et que *Raphaël*, pour le peindre, n'avait pas de modèle.

Quand *Racine,* pour peindre le souverain maître de la terre et des cieux, met dans la bouche d'*Esther* les vers suivans :

> L'Éternel est son nom, le monde est son ouvrage ;
> Il entend les soupirs de l'humble qu'on outrage,
> Juge tous les mortels avec d'égales lois,
> Et du haut de son trône interroge les rois !

il est aussi grand, aussi beau et aussi sublime que l'est *Raphaël*, dans la composition dont je parle. Voilà le *génie,* sans *originalité* et sans *singularité.* On peut mettre en parallèle, avec une belle composition de *Raphaël,* celle d'un fleuve, que *Jules Romain,* son élève et son ami, a également peint dans le Vatican. Le fleuve est identifié avec le rocher d'où il tire son origine ; à lui seul, il remplit la totalité du tableau. Son corps est ramassé sur lui-même vigoureusement organisé, et comme bloti dans le roc. Il est vieux comme le monde............ Mais où l'invention du peintre se fait remarquer, c'est dans l'attitude, c'est dans les cheveux, dans la barbe et dans la partie la plus noble du sujet; ils se confondent et se métamorphosent en autant de sources abondantes, qui, en se réunissant, forment le cours du fleuve, et par conséquent le fleuve lui-même. Dans l'ensemble générale de la composition, il y a du *génie* et de l'*originalité.* On remarquera que cette dernière qualité est celle qui distingue particulièrement *Jules Romain,* des autres élèves de *Raphaël.*

En parlant de l'*imagination* et de l'*originalité,* je

ne puis me défendre de dire un mot du tableau, que *Jean Cousin* peignit pour la sacristie des Minimes de Vincennes. Cette savante et ingénieuse composition décore aujourd'hui le Musée du Roi ; c'est le premier tableau bien connu, peint à l'huile, qui ait été fait par un Français.

Lorsque le tableau de *Jean Cousin* parût, il excita généralement l'enthousiasme, et la réputation du peintre Français balança celle des maîtres Italiens. Cette vaste composition resserrée dans un cadre de petite proportion, se divise en deux parties, c'est-à-dire, en partie *supérieure* et en partie *inférieure*.

La partie supérieure représente le paradis, ou le trône de Dieu ; et l'artiste, voulant rendre d'une manière sensible à tous les yeux le séjour dans lequel les ames heureuses jouissent après la mort d'une paix durable, l'a supposé dans le vague de l'espace et posé sur des nuages soutenus dans les airs, au bas desquels se groupent huit anges dont sept sonnent la trompette du jugement, tandis que celui du centre montre la croix de Jésus-Christ : on voit, de chaque côté, les saints, et les saintes aussi belles que les étoiles qui brillent dans les cieux. Les angles supérieurs du tableau sont fermés par l'image gigantesque des quatre prophètes Joël, Jérémie, Isaïe et Daniel. Ils tiennent des rouleaux sur lesquels sont écrits, en caractères couleur de feu, leurs versets et leurs prophéties... Qui n'admirera pas le génie et l'imagination de ces hommes divins ! Dans leur inspiration prophétique, ils lisaient dans l'avenir ; et, parlant des malheurs de Juda, semblaient prédire ceux dont nous avons été les témoins !... Dans notre admiration, écoutons ce que dit Jérémie, *chapitre IV, verset 7*; et reconnaissons les vérités qui sont sorties de sa bouche :

« Le lion s'est élancé hors de sa tanière, le bri» gand des nations s'est élevé : il est sorti hors de son
» pays pour réduire votre terre en un désert; et vos
» villes seront détruites sans qu'il y demeure aucun
» habitant.

» *Verset* 9. En ce temps là, dit le seigneur, le
» cœur du Roi sera comme mort, aussi bien que celui
» des princes; les prêtres seront dans l'épouvante, et
» les prophètes dans la consternation.

» *Verset* 13. Un peuple viendra bientôt qui s'élè» vera comme une nuée. Ses charriots seront plus
» rapides que les aigles. Malheur à nous, tout ce que
» nous avons est au pillage.

» *Verset* 16. Dites aux nations qu'on a fait entendre
» à Jérusalem qu'il vient des gendarmes d'une terre
» reculée qui se jeteront sur les villes de Juda avec de
» grands cris.

» *Chapitre* V. *Verset* 5. J'irai donc trouver les
» princes du peuple, et je leur parlerai; car ce sont
» ceux là qui connaissent la voix du seigneur et les
» ordonnances de leur Dieu. Mais j'ai trouvé que ceux
» là ont conspiré tous ensemble, avec encore plus de
» hardiesse, à briser le joug du seigneur et à rompre
» les liens.

» *Verset* 6. C'est pourquoi le *Lion de la Forêt* les
» dévorera; le *loup* qui cherche sa proie le soir les

» ravira, le *léopard* tiendra toujours les yeux ouverts
» sur les villes, en déchirera tous ceux qui en sor-
» tiront; parce que leurs iniquités se sont mult pliées
» et que leurs désobéissances n'ont point eu de fin.

Michel-Ange a peint, dans la chapelle sixtine, les mêmes prophètes, d'une manière plus énergique et plus sublime encore que *Jean Cousin*. Ils sont hors du cadre qui fixe le jugement dernier, et décorent les angles de la chapelle. Ces figures, au nombre de douze, ont cette majesté terrible qu'il appartenait à *Michel-Ange*, seul, d'exprimer sur la toile. *Isaïe* est remarquable par sa profonde méditation ; et il est facile pe reconnaître *Jérémie* à sa figure austère, à son vêtement grossier qui est plus simplement drapé que celui des autres : autre *Héraclite*, il déplore sans cesse les malheurs du genre humain. Chaque figure est un modèle parfait; en les voyant toutes, on passe de l'étonnement à l'admiration, et de l'admiration à l'étonnement.

Au milieu du cortège céleste, *Jean Cousin* a représenté *Jésus-Christ* assis sur un cercle d'or symbole de son immortalité, ayant à sa droite la sainte Vierge, et à sa gauche saint Jean. Ses pieds divins touchent le globe immense de l'univers; et une faucille à la main, il est environné de toute sa gloire. C'est dans cette position surhumaine que le fils de l'homme, animé d'une justice douce comme l'indique son visage, va prononcer sur le sort des hommes et des femmes qui ont peuplé la terre depuis l'origine des siècles; les chérubins, les séraphins, et une multitude d'anges placés autour de lui , entonnent des chants religieux et forment entr'eux un concert céleste. Cette partie de la composition du tableau est mesurée dans les convenances voulues par le sujet ; mais, dans la partie que je vais décrire l'imagination du peintre s'enflame par degré ; elle prend un caractère et un coloris parfaitement analogues au sujet.

La partie inférieure du tableau de *Jean Cousin*, représente la terre qu'il a divisée en plusieurs plans pour donner de la clarté aux diverses scènes qu'il a voulu peindre. Sur le devant, on voit un ange assis sur des ruines d'architecture ; il semble appeler les morts du fond de leur sépulcre et les animer de nouveau pour les présenter au tribunal de Dieu. Chargé du pouvoir suprême, et premier organe de la divinité, d'un œil pénétrant il distingue les *bons* des *méchans ;* il les sépare et met entr'eux un intervalle immense. Là , c'est un squelette qui se couvre de chair et s'anime peu à peu : plus loin, c'est une mère rendue à la vie, qui soulève son linceuil et implore la miséricorde divine pour sa famille. Son œil est humide des pleurs que fait couler la tendresse, mais sa douce et consolante espérance siège sur ses lèvres. De l'autre côté, on voit une barque conduite par des monstres affreux qui entassent dans son intérieur des maris pervers , des mères dénaturées, des enfans ingrats, des rois tyrans, des ministres criminels et des prélats lubriques : ce qui est très-bien exprimé par un épisode ingénieux que l'on avait reproché à *Michel-Ange*, et que *Jean Cousin* n'a pas craint de renouveler, sans cependant le traduire exactement. Des démons actifs et rugissans de colère retirent ces malheureux d'un sépulcre commun où ils étaient entassés, pour leur faire passer le styx et les conduire en enfer.

Sur le second plan, on remarque un ange debout, occupé à retirer des catacombes ou des voûtes souterraines de la terre, les ames bienheureuses, tandis que de l'autre côté on aperçoit comme à travers une vapeur, l'appareil effrayant de plusieurs suppl ces. D'abord, on voit la roue d'Ixion sur laquelle tournent sans cesse les corps de ceux qui, comme lui, ont attenté à l'honneur d'une femme supérieure en dignité; tandis que, monté sur une tour élevée, un démon géant, armé d'une massue, frappe à coups redoublés les hommes et les femmes que d'autres monstres font passer devant lui pour les précipiter du haut de la tour dans un gouffre de feu. Dans cette partie du tableau de *Jean Cousin*, dont la description complète serait trop longue, il y a de l'*originalité* et même de la *singularité* : il suffira d'examiner le tableau pour reconnaître ces deux qualités.

Au côté opposé des scènes dont je viens de parler, on remarque un temple magnifique, orné de colonnes d'émeraudes et de rubis. Saint Pierre ouvre les portes de ce temple, et l'on voit à ses pieds un cortège considérable de bienheureux se précipiter et même se culbuter pour en obtenir l'entrée ; c'est, en quelque sorte, l'arc de triomphe sous lequel on doit passer avant d'obtenir une place dans le paradis. Le fond du tableau représente la fin du monde ; elle est figurée par une ville assiégée, par la chute des planètes et des étoiles : cette vile symbolique s'abîme et s'embrase par l'effet d'une pluie de feu qui la dévore : *c'est alors*, dit l'écriture, *que le fils de l'homme paraîtra tout resplendissant de lumière*. Ces paroles sacrées font assez connaître le sens mystérieux qu'elles renferment et le sujet que l'on vient de décrire.

Il ne conviendrait pas de mettre ce magnifique tableau, la première production de l'école française, en parallèle avec celui du *jugement dernier* de Michel-Ange. *Michel-Ange* est un géant avec lequel personne ne peut se mesurer... Le dessin du tableau de *Jean Cousin* est beau et d'un grand caractère; le coloris est doux, harmonieux et bien fondu; un siècle après il a été gravé dans le même format, par *Pierre de Jode*, qui fit hommage à Louis XIII de la première épreuve.

§. III. — *Borghini*, dans l'éloge qu'il fit de *Donat*, célèbre sculpteur Florentin, plus connu sous le nom de *Donatello*, qui florissait en 1430, a dit : *ou Donatello a deviné Michel-Ange, ou Michel-Ange a imité Donatello*. Comme on le voit partout ce qui a été dit jusqu'à présent, *l'imagination* se monte en raison des sensations que l'on éprouve à la lecture d'un livre, d'une pièce de théâtre, à la vue d'une statue ou d'un monument d'architecture; car l'architecture appelle aussi l'admiration, et fait naître l'enthousiasme. Si soi-même on est poète, peintre, statuaire ou architecte, on ne cherche, particulièrement dans les études, la manière de faire d'un grand maître, que parce qu'il nous a plus ému que les autres par ses ouvrages, même à force égale entre lui et ses compétiteurs; que, parce que, dans ce cas là, il y a des rapports directes entre les organes et les dispositions naturelles de l'auteur de l'ouvrage que l'on prend pour modèle, avec soi-même. Il y a donc véritablement une attraction tacite dans les organes et dans l'imagination des différens sujets qui s'occupent des beaux-arts, qui les portent naturellement à préférer un auteur à un autre; ce qui fait aussi que les étudians s'attachent plutôt à tel professeur qu'à tel autre, et que, dans nos académies, nous voyons un élève suivre de préférence les leçons de tel peintre, de tel statuaire ou de tel architecte, sans autre raisonnement que celui d'un sentiment naturel; et si *Annibal-Carrache* préférait les peintures de la chapelle sixtine au jugement dernier de *Michel-Ange*, c'est un effet de l'attraction tacite dont je viens de parler : il trouvait le génie de *Michel-Ange* plus mesuré, dans ce qui lui convenait le mieux.

C'est aussi la même raison qui fait que les beaux-arts, dans leur exercice, prennent un coloris et des nuances qui varient autant qu'il y a d'individus qui les pratiquent : c'est encore par cette différence qui existe dans les pensées, dans les idées et dans la manière de faire des professeurs, que les arts survivent aux siècles et qu'ils se propagent dans les Gouvernemens; car on les verrait bientôt s'anéantir et devenir nuls, si toutes les productions du génie et de la main, relativement à ces mêmes arts, se ressemblaient dans leur ensemble comme dans les détails, lors même que l'ouvrage serait parfait. Les Egyptiens, que l'autorité des prêtres avait soumis à des compositions uniformes et à une exécution commandée dans les productions des arts, en sont un exemple; la liberté, dont les Grecs jouissaient dans l'exercice de la peinture, de la sculpture et de l'architecture, a fait au contraire enfanter des chefs-d'œuvres.

CHAPITRE VIII.

Suite des Passions de l'Ame.

Charles Le Brun a souvent outré les passions de l'ame dans les dessins qu'il a joints à son traité. Il serait dangereux de les prendre pour modèles ; car il a des têtes où les passions non-seulement sont défigurées, mais où elles sont poussées jusqu'à la rage. *Winckelmann*, qui a jugé avec partialité les peintures françaises, s'exprime ainsi : « Chez les modernes, l'expression du visage ressemble aux masques des anciens, qui, par cette raison, étaient difformes. Cette expression exagérée a été même réduite en théorie, dans le Traité des Passions de Charles Lebrun ; ouvrage que l'on met entre les mains des jeunes gens qui se destinent à l'art. Il croit enseigner l'expression de la même manière que Diogène enseignait à vivre ». Le jugement sévère de Winekelmann, quoique juste à l'égard du premier peintre de Louis XIV, pourrait aussi avoir son inconvénient, puisqu'il n'applique pas le remède au mal, et qu'il n'indique pas les sources où les élèves peuvent puiser des exemples propres à les diriger dans une carrière aussi difficile. C'est là ce qui m'a déterminé à examiner plus particulièrement cette

partie importante de l'art, et à signaler les grands
maîtres qui ont le mieux traité chacune des passions
en particulier. Je vais continuer cet examen pour en
compléter l'ensemble.

§. I. — DE L'ATTENTION.

L'attention est une tension d'esprit tellement arrêtée
sur un seul objet, qu'elle ne peut être détournée.
L'attention, combinée avec l'amour ou tout autre
sentiment de l'ame, devient une idée fixe.

» Les effets de l'*attention*, a dit Charles Le Brun,
» sont de faire baisser et approcher les sourcils du
» côté du nez, tourner les prunelles vers l'objet qui
» la cause, ouvrir la bouche et surtout la partie supé-
» rieure, baisser un peu la tête et la rendre fixe, sans
» aucune altération remarquable ». Le Brun ajoute
un dessin à cette définition, qui n'est pas entièrement
exacte. L'attention qu'il a dessinée, n'est pas l'*attention
simple*, je veux dire celle qui observe dans la tranquillité de l'ame; la sienne est combinée avec la
crainte, car il a froncé le sourcil de la figure, il lui a
ouvert la bouche et lui a donné l'expression de la
douleur; ce qui n'a pas lieu dans l'*attention simple*,
qui est impassible. Il dit qu'il faut baisser un peu la
tête; cela ne peut être généralisé, car si l'objet qui
fixe l'attention est au Ciel, ou sur un plan plus élevé
que celui où se trouve l'individu dont il occupe les
regards, la tête sera nécessairement levée, comme
on le voit dans le *Baptême de Jésus-Christ*, par Poussin,

où deux jeunes gens ont les yeux fixés sur le Saint-Esprit qui descend du Ciel.

Dans le tableau de l'*Ecole d'Athènes*, par Raphaël, si on jette un coup d'œil sur le groupe qui entoure Bramante, oncle du peintre, et architecte du Vatican, qui trace une figure de géométrie sur une ardoise, on remarquera tous les personnages, et particulièrement l'attitude de Fréderic de Gonzagues, duc de Mantoue. Son corps penché, son attitude, son geste et ses yeux baissés, tout peint ici l'*attention parfaite*, et rien ne peut distraire le duc de ce qui l'occupe.

Dans le même tableau, Pythagore, assis et occupé de son grand système des nombres, sera un modèle parfait de l'*attention*; ainsi que le jeune écrivain d'un autre tableau de Raphaël, connu sous le titre de *discussion sur la présence réelle dans la sainte hostie*. Pour la même expression, on consultera aussi les têtes de la *sainte Famille*, où tous les regards sont fixés sur l'enfant Jesus, ainsi que les belles têtes de vierges, de la *belle jardinière* et du *sommeil de l'enfant Jésus*. Ces trois tableaux sont au Musée du Roi. On remarquera encore, dans la transfiguration par le même peintre, un vieillard qui observe avec attention les mouvemens convulsifs d'un jeune épileptique représenté dans un de ces accès si pénibles à voir que, dans les temps d'ignorance, on considérait les malheureux qui en étaient frappés comme *possédés du démon*.

On voit le chef-d'œuvre de l'*attention simple* et *impassible*, dans l'expression d'un chirurgien du tableau de Claëssens, représentant *le supplice d'un juge prévaricateur*, dont j'ai déjà parlé. Le malheureux supplicié pousse des cris horribles, lorsqu'un chirurgien, qui lui a enlevé la peau du bras, tranquille et l'œil fixe sur la même opération qu'il fait à la cuisse, paraît indifférent à l'extrême douleur du patient. Le calme imperturbable des chirurgiens qui écorchent un homme vivant, comme s'il était mort, est si naturellement exprimé dans le tableau, qu'il inspire la terreur et l'effroi.

Non-seulement l'*attention* s'exprime par les mouvemens et les couleurs de la face, mais encore par l'attitude du corps et par le geste. Il en est ainsi de toutes les passions de l'ame. Dans le tableau de l'*extrême Onction*, de Nicolas Poussin, on voit un jeune adolescent se hausser sur la pointe des pieds, et lever la tête au-dessus de celle de ses frères, pour examiner une cérémonie qu'il n'a pas encore vue. Son père expirant ne l'occupe point, et son ame n'est agitée d'aucun sentiment autre que celui de la curiosité qui fixe son attention. Ce tableau, de Poussin, est la plus belle composition dramatique qui soit connue.

Dans le tableau d'Eustache Le Sueur, représentant la *générosité d'Alexandre envers son médecin*, auquel il donne à lire un écrit qui lui annonçait qu'il doit l'empoisonner dans une médecine ; l'*attention* du roi qui observe son médecin pendant qu'il lit, est vraie et remarquable. Le Sueur a fait une faute en peignant Alexandre tenant la coupe et la portant à sa bouche. Il devait peindre le vase dans la main du roi, mais renversé, le bras dans un état d'inaction et mol-

lement posé sur le lit, parce qu'Alexandre, assuré de
la fidélité de Philippe, et considérant l'écrit qu'il avait
reçu comme un artifice de ses ennemis, lui donna la
lettre à lire et but au même moment ce que contenait
la coupe. Le remède eut son effet, et le roi fut guéri.
Ici le roi hésite et regarde son médecin avant de boire.
Colin de Vermont, autre peintre français, qui a traité
le même sujet, n'a pas fait cette faute. Malgré cette
exactitude dans l'expression du sujet, le tableau de
Colin de Vermont est loin des beautés que l'on remarque dans celui de Le Sueur.

§. II. — La Tristesse et le Pleurer.

La *tristesse* est un malaise de l'ame dont le résultat
est l'abattement absolu et l'abnégation de toute espèce
d'action. L'ame triste se concentre en elle - même,
repousse les affections les plus chères, recherche la
solitude et nourrit son mal par la réflexion.

» L'abattement que la tristesse produit, dit Charles
» Le Brun, fait élever les sourcils vers le milieu du
» front, plus que du côté des joues ; la prunelle est
» trouble, le blanc de l'œil jaune, les paupières
» abattues et un peu enflées, le tour des yeux livides,
» les narines tirant en bas, la bouche entr'ouverte et
» les coins abaissés, les lèvres pâles et sans couleur ».
Les dessins qu'il a donnés à la suite de cette démonstration, n'ont aucune pureté et sont sans noblesse.
Dominiquin a traité l'expression de la tristesse, plus
sévèrement et plus dignement, dans un tableau qui est

au Musée du Roi, représentant *Énée sauvant son père,
sa femme et son fils, de l'incendie de Troie.*

Nicolas Poussin a donné un modèle parfait de l'abattement absolu dans l'attitude et l'expression de la fille d'Eudamidas, qu'il a figurée au pied du lit de mort de son père. Il a répété la même expression dans son beau tableau de l'*extrême Onction.* La tête de Saphire, femme d'Ananie, dans le tableau du même peintre qui est au Musée du Roi, est un modèle parfait de l'abattement occasionné par la tristesse.

Nous avons, dans un bas-relief antique, une excellente peinture de l'affliction poussée au désespoir; il représente Hécube pleurant la mort d'Hector. La tête courbée vers la terre, elle porte la main droite au front pour marquer l'excès de sa tristesse; ce qui paraît chez elle un mouvement machinal. « Plongée dans une morne douleur, dit l'abbé Winckelmann, qui parle de ce bel ouvrage grec dans son *histoire de l'art,* Hécube est auprès du corps défiguré d'Hector, son fils; elle ne verse point de larmes, parce que les larmes lorsque l'affliction touche le désespoir ne peuvent plus se faire jour ». De là, Sénèque fait dire à Andromaque (*Seneca Troad. V.* 411.) :

> .... *Levia perpessæ sumus,*
> *Si flenda patimur.*

Le *pleurer* est la suite ordinaire de la *tristesse.* L'ame triste ou affligée diminue son mal par les pleurs.

» Les changemens que cause le *pleurer,* dit Charles

(129)

» Le Brun, sont très-marqués ; le sourcil s'abaisse
» sur le milieu du front ; les yeux sont presque fermés,
» mouillés et abaissés du côté des joues ; les narines
» enflées, les muscles et les veines du front sont
» apparens ; la bouche fermée, les côtés abaissés fai-
» sant des plis aux joues, la lèvre inférieure renversée
» presse celle de devant ; tout le visage est ridé,
» froncé, rouge, surtout à l'endroit des sourcils, des
» yeux, du nez et des joues ». Le dessin que Le Brun
donne pour figurer le *pleurer* est vrai ; mais il a vu la
nature défectueuse et ignoble ; il a mieux réussi en
peignant la tête de la *Madeleine*, connue sous le nom
de *Madame de la Vallière*.

L'expression du *pleurer* est beaucoup mieux rendue
encore par une tête de Corrège, peinte sur bois, représentant la *Madeleine repentante* ; elle appartient à
M. le chevalier Sommariva. L'expression de cette tête
est parfaite ; elle pleure sans efforts ; ses larmes sont
celles d'un repentir sincère profondément senti, elles
coulent lentement ; les mouvemens de la douleur ne
déforment pas ses beaux yeux et n'agrandissent pas sa
bouche. En voyant le bel ouvrage de Corrège, on est
ému, et on regrette qu'un aussi beau visage ait perdu
sa fraîcheur. Le même amateur des arts possède une
statue du chevalier Canova, représentant le même
sujet. Le marbre est animé, c'est un chef-d'œuvre
d'expression dans un autre genre. La tête, la pose,
l'affaissement général, l'affliction complette de Madeleine placent l'ame du spectateur entre l'admiration et
la tristesse.

Un modèle parfait de l'expression dont il s'agit, c'est la tête de *saint Jean*, du tableau de Raphaël, appartenant au roi d'Espagne, que l'on a vu à Paris, chez M. le chevalier Bonnemaison. Que de beautés dans les formes du visage de saint Jean qui pleure amèrement Jésus-Christ, son maître, son protecteur, que l'on accable sous ses yeux du poids de la croix sur laquelle il va mourir ! Quelle douceur dans les contours de son joli visage ! que de noblesse dans sa douleur ! Elle a été calquée, dessinée, et gravée sous les yeux de M. Bonnemaison, connu dans les arts par des ouvrages distingués et par une copie parfaite d'un tableau de Raphaël, de la même collection ; j'invite donc les étudians dans le dessin, à se la procurer et à en faire un objet d'étude.

§. III. — LA JOIE.

La *joie* est une satisfaction de l'ame. Elle naît du complément de ce qui flatte nos désirs, et ne peut être complette que par une disposition égale et un rapport immédiat dans les sensations. La joie de l'ame est douce et tranquille ; lorsqu'elle s'exalte et qu'elle se manifeste violemment au dehors, elle prend un caractère convulsif et provoque le rire forcé. Dans son exaltation au dernier degré, la joie peut causer la mort.

» L'on ne remarque que peu d'altération dans le » visage de ceux qui ressentent les douceurs de la joie, » dit Charles Le Brun ; le front est serein, le sourcil

» sans mouvement, élevé par le milieu; l'œil médio-
» crement ouvert et riant; la prunelle vive et bril-
» lante; les coins de la bouche s'élèvent un peu, le
» teint est vif, les joues et les mains vermeilles ». La
tête que Le Brun a donnée dans son recueil comme un
modèle de la *joie douce de l'ame*, selon moi a trop
d'impassibilité.

La *joie douce de l'ame* a été savamment exprimée
par Philippe Champagne, dans le tableau qui est au
Musée du Roi; il a peint une religieuse de Port-
Royal, recouvrant la santé à la suite d'une longue
maladie. Elle est représentée dans sa célule, à demi
couchée sur son lit, les mains jointes, priant Dieu
et les yeux dirigés vers le ciel; à ses pieds, on voit
une autre religieuse à genoux, qui invoque le Seigneur pour la guérison de sa compagne. Ces deux
têtes sont admirables, et peuvent être considérées
comme des modèles parfaits.

§. IV. — Le Rire.

Le *rire*, comme je l'ai dit plus haut, est l'exaltation
de la joie. Le rire n'est pas toujours le résultat d'une
complète satisfaction de l'ame; souvent il est provoqué par la vue d'un objet grotesque ou par l'audition
d'un discours bouffon. Le rire forcé ou poussé à l'excès
est convulsif et tient de la démence, aussi l'appelle-
t-on le *fou-rire;* il est le rire ordinaire des Bacchantes
et des ivrognes. Rubens en donne les attitudes et le
geste dans sa *fête flamande.*

» De la joie mêlée de surprise naît le *ris*, dit Le Brun,
» qui fait élever les sourcils vers le milieu de l'œil, et
» baisser du côté du nez ; les yeux presque fermés
» paraissent quelquefois mouillés, ou jeter des larmes
» qui ne changent rien au visage ; la bouche entre-
» ouverte laisse voir les dents ; les extrémités de la
» bouche, retirées en arrière, font faire des plis aux
» joues qui paraissent enflées, et surmonter les yeux ;
» les narines sont ouvertes et tout le visage de couleur
» rouge ». Le Brun a donné un dessin de cette expression ; il y en a une assez bonne d'Antoine Coypel,
qui a été gravée. En général, il y a peu de peintres
qui n'ait eu l'occasion de peindre le *rire* dans quelques
uns de ses tableaux. Il y a des statues et des bas-reliefs
antiques, qui représentent des faunes et des satyres,
qu'il est bon de consulter quand on veut exprimer en
peinture le *rire forcé*. Il convient aussi de voir, au
Musée du Roi, le beau tableau de Jacques Jordaëns,
connu sous le nom *du roi boit*.

La joie des faunes et des bacchantes s'exprime par
un sourire de gaité qui fait tirer les angles de la bouche
en haut ; les yeux se rapetissent et remontent vers les
coins. « Dans toutes les figures où cette gaité est marquée par de pareils traits, dit l'abbé Winckelmann, on
voit toujours la physionomie caractérisée par un profil
commun et applati, ou par un nez enfoncé dans le
visage ». L'antiquaire allemand appelle cette physionomie, la *grâce comique* ; et, par une suite de son
aversion pour les ouvrages modernes, il en fait l'application aux airs de tête de Corrège, et prétend que

c'est de là qu'est venue l'expression de *grâce carré-gesque.*

§. V. — Le Désespoir.

Le *désespoir* ne peut être mis au nombre des passions de l'ame, comme l'a fait Charles Le Brun. Le désespoir naît de la perte, sans espérance, de tout ce qui constitue le bonheur moral ou physique; il est tranquille ou furieux. Dans le calme, le désespoir se concentre, devient insupportable et conduit souvent à la mort. Si, au contraire, le désespoir s'exalte, il prend le caractère de la fureur, il éclate, s'énerve, et peut être curable.

« Comme cette passion est extrême, dit Charles
» Le Brun, ses mouvemens le sont aussi : le front se
» ride du haut en bas; les sourcils s'abaissent sur les
» yeux, et se pressent au côté du nez; l'œil est en
» feu et plein de sang; la prunelle égarée, cachée sous
» le sourcil, étincelante et sans arrêt; les paupières
» enflées et livides, les narines grosses, ouvertes et
» élevées; le bout du nez abaissé; les muscles, ten-
» dons et veines enflés et tendus; le haut des joues
» gros, marqué et serré à l'endroit de la machoire;
» la bouche retirée en arrière et plus ouverte par les
» côtés que par le milieu; la lèvre inférieure grosse,
» renversée ; on grince les dents, on écume, les
» cheveux sont droits et hérissés ». La tête que Charles
Le Brun a donnée de cette expression, est aussi outrée
que sa description; elle est grimacée à l'excès et hors

de toute mesure. Ce n'est pas que je veuille qu'on peigne le désespoir à *l'eau rose*; mais encore faut-il que le tableau que l'on en fait soit l'imitation de la nature.

La figure de *Marcus Sextus*, du tableau de M. le chevalier Guérin, peut être considéré comme un exemple parfait du *désespoir moral*. Pour le *désespoir extrême*, on verra les têtes des damnés du *Jugement dernier* de Michel-Ange, ainsi que celles du même sujet, par Jean Cousin, dont le tableau est au Musée du Roi. On remarquera surtout, dans le tableau de Raphaël représentant le *massacre des innocens*, gravé par le célèbre Marc-Antoine, une mère furieuse et réduite au dernier désespoir. Son état malheureux est aussi bien exprimé par son attitude, par ses gestes, que par l'expression noble de son visage. Même sujet, par Charles Le Brun; on voit plusieurs têtes de femmes qu'il est bon de consulter.

§. VI. — L'Effroi.

L'*effroi* n'est point une passion, comme le dit encore Le Brun; c'est un sentiment pénible qui naît de la situation critique dans laquelle on se trouve. L'*effroi* peut être le résultat de l'imagination comme de la réalité; il caractérise toujours la faiblesse. La tête que Le Brun donne de l'effroi n'est pas très-bonne; il l'a également figurée dans son tableau de la *bataille d'Arbelles*, par un prince persan qui prend la fuite. Pour l'expression vrai de l'effroi, on consultera quelques têtes du tableau d'*Héliodore battu de verges*, par Raphaël; celles des femmes du *supplice de saint André*, par Dominiquin.

  » La violence de cette passion, dit Charles Lebrun,
» altère toutes les parties du visage : le sourcil s'élève
» par le milieu; ses muscles sont marqués, enflés,
» pressés l'un contre l'autre, et baissés sur le nez qui
» se retire en haut aussi bien que les narrines; les
» yeux sont ouverts; la paupière de dessus cachée
» sous le sourcil; le blanc de l'œil environné de rouge.
» La prunelle égarée se place vers la partie inférieure
» de l'œil; le dessous de la paupière s'enfle et devient
» livide; les muscles du nez et des joues s'enflent et
» ceux-ci se terminent en pointe du côté des narrines;
» la bouche est fort ouverte, et ses coins fort apparens;
» les muscles et les veines du col tendus; les cheveux
» hérissés; la couleur du visage comme celle du bout
» du nez, des lèvres, des oreilles, et le tour des yeux
» pâle et livide : enfin, tout dans cette expression doit
» être fort prononcé ».

§. VII. — Du Désir.

Le *désir* est un besoin extrême de posséder ce que l'on voit ou ce que l'on n'a pas. Le désir sera moral ou physique. Le désir physique est actif et pressant; le désir moral est concentré, calme et doux.

  « Cette passion, dit Charles Lebrun, rend les sour-
» cils pressés et avancés sur les yeux, qui sont plus
» ouverts qu'à l'ordinaire; la prunelle enflammée se

» place au milieu de l'œil ; les narines s'élèvent et se
» resserrent du côté des yeux ; la bouche s'entr'ouvre,
» et les esprits qui sont en mouvement donnent au
» visage une couleur vive et ardente ».

Sans avoir égard à la tête que Lebrun donne aux étudians pour exprimer le *désir*, j'indiquerai de préférence plusieurs têtes des Israélites du tableau de Nicolas Poussin, représentant le *frappement du rocher*; le tableau de la *soif satisfaite*, par Sébastien Bourdon; et enfin la tête et l'attitude de la femme de Putifar, sortant de son lit et arrêtant Joseph, par Raphaël.

Tout dans la composition de Poussin, donne à la scène cet air de vérité et d'intérêt auquel l'art ne peut atteindre sans le secours d'un génie supérieur. Quel beau mouvement dans les groupes ! quelle variété d'expression dans les caractères! Au sentiment de la douleur et de l'abattement succèdent l'étonnement, l'admiration, l'attendrissement et la joie! Les uns, uniquement occupés de satisfaire la soif qui les tourmente, boivent à longs traits dans des vases grossiers qu'ils ont remplis au ruisseau déjà formé par la source miraculeuse. Ces vases passent de main en main; l'on voit une mère qui en tient un et le porte à la bouche de ses enfans pour appaiser leurs cris. Près d'elle est un vieillard à genoux; les mains jointes, il paraît rendre grâces au ciel d'un secours pressant, mais inattendu. D'autres Israélites accourent avec leurs enfans, ils se pressent pour admirer le prodige qui s'opère. Le peintre a fort ingénieusement placé, dans un coin du tableau, un petit enfant debout; il trousse son vêtement, et son action exprime que sa mère lui a donné à boire avant de se désaltérer elle-même, car elle tient un vase qui est rempli et qu'elle se dispose à porter à sa bouche. Voilà un trait de génie ! Moïse est debout ; il tient la verge dont il frappe le rocher ; derrière lui on voit Aaron qui indique aux anciens et au peuple *que le seigneur a été touché de leurs maux : ils sont en adoration.*

De grands arbres séparent les premiers plans d'un lointain fort étendu où l'on aperçoit une partie du camp des Israélites, situé au pied de la montagne. Les attitudes douloureuses et abattues du peuple de Dieu, indiquent que l'eau salutaire qu'il désire n'est pas encore descendue jusqu'à lui.

Les belles têtes de la *soif ardente* de Bourdon, me rappèlent une scène dont j'ai été le témoin et que je rapporterai parce qu'elle prouve l'examen que ce peintre a fait de la nature. En 1789, dans la rue Saint-Honoré, j'ai vu des hommes et des femmes du peuple se précipiter dans le ruisseau avec une fureur vraiment bachique, pour savourer du vin de Bourgogne qui coulait abondamment d'une pièce qui s'était défoncée en la déchargeant de la voiture à la porte du propriétaire. J'assure que l'avidité de ces gens là ressemblait à celle que Bourdon et Poussin ont exprimée dans leurs tableaux (1).

---

(1) Tous ceux qui ont été à Rome savent qu'au moment où un malheureux condamné à la peine capitale (qui consistait

Pour l'expression du désir moral, j'indiquerai la communion de Saint-Jérôme, par Dominiquin, dont on attend depuis long-temps une belle gravure de **M. Alex.** Tardieu (1). La tête de Saint-Jérôme est un chef-d'œuvre. Dominiquin a représenté le père de l'Eglise accablé sous le poids des années, au moment où passant de la vie à la mort il a le vif désir, ou plutôt la soif ardente, de s'unir à son Dieu et de le posséder en lui-même, avant de partager avec lui la gloire céleste.

§. VIII. — DE L'ENVIE.

L'*envie*, sœur ainée du désir, enfante la haine.

Les anciens adressaient des prières à l'envie, pour éloigner ses influences malheureuses. Selon Virgile, le Dieu des enfers l'avait attachée à son service; et Ovide la place dans un antre obscur et profond, d'où

---

alors à l'assommer, à lui ouvrir le ventre pour en tirer les intestins et lui en frapper la face), subissait son supplice; de misérables supersticieux et forcénés se précipitaient au bas de l'échafaud avec une chaleur délirante, assez semblable à celle que donne la soif, pour en recevoir le sang ou pour s'en désaltérer. C'est ainsi que les Gaulois se couchaient sous l'autel, pendant que le chef des druides égorgeait la victime, afin d'en recevoir le sang sur la tête, dans l'idée où ils étaient que cette espèce de *baptême de sang* purifiait l'ame de toutes ses souillures.

Ce supplice trop cruel, connu sous le nom de *massoler*, a été supprimé depuis quelques années.

(1) Elle va paraître chez l'Auteur, rue de Sorbonne, au Musée des Artistes.

elle lance, à tort et à travers, des traits envenimés.
Elle est figurée par une femme extrêmement maigre,
dont la gorge pendante est couleur de fiel. Elle a les
yeux caves et la bouche envenimée ; des couleuvres lui
servent de cheveux ; elle tient dans ses mains des ser-
pens et une torche allumée.

Charles Le Brun n'a point donné la figure de l'*envie.*
On la voit représentée dans une infinité de sujets allégoriques de nos meilleurs peintres ; il existe une tête
de l'envie, gravée d'après Corrège, qui n'est pas bonne.

§. IX. — DE LA HAINE ET DE LA JALOUSIE.

La *haine* est un sentiment concentré et profond qui
se développe accidentellement.

Tout homme qui nuit à ses semblables, cumule sur
lui la haine de tous les hommes. Ce sentiment poussé
à l'excès provoque une si grande irritation dans le
genre nerveux, qu'il porte quelquefois l'homme le plus
modéré à des actes de violence. « La haine, dit Charles
» Le Brun, rend le front ridé ; les sourcils abattus et
» froncés ; l'œil étincelant, la prunelle à demi ca-
» chée sous le sourcil tournée du côté de l'objet que
» l'on hait ; elle doit paraître pleine de feu aussi bien
» que le blanc de l'œil et les paupières ; les narines
» pâles, ouvertes, plus marquées qu'à l'ordinaire, re-
» tirées en arrière, ce qui fait paraître des plis aux
» joues ; la bouche fermée de manière à annoncer
» que les dents sont serrées ; les coins de la bouche
» retirés et fort abaissés ; les muscles des mâchoires

» paraissent enfoncés; la couleur du visage partie
» enflammée, partie jaunâtre; les lèvres pâles ou
» livides ».

Malgré sa description de la *haine*, Le Brun n'a pas
réussi à en donner un bon dessin dans son recueil des
passions (1); Poussin n'a pas été plus heureux. Il est
certain que la peinture de la *haine* appartient plus à la
poésie qu'à l'art du dessin ou de peindre; Racine en
donne la preuve dans la tragédie d'*Esther*, quand pour
peindre la haîne d'Aman pour Mardochée et les juifs,
il met dans la bouche du favori d'Assuérus ce qui
suit :

Un homme tel qu'Aman, lorsqu'on l'ose irriter,
Dans sa juste fureur ne peut trop éclater,
Il faut des châtimens dont l'univers frémisse !
Qu'on tremble en comparant l'offense et le supplice ;
Que les peuples entiers dans le sang soient noyés.
Je veux qu'on dise un jour aux siècles effrayés :
Il fut des Juifs. Il fut une insolente race.
Répandus sur la terre, ils en couvraient la face ;
Un seul osa d'Aman attirer le courroux,
Aussitôt de la terre ils disparurent tous.

---

(1) Les observations de Le Brun sont bonnes, mais elles
sont généralement outrés; il faut les consulter pour en user
modérément et se préparer à l'examen de la nature. Si je les
rapporte, c'est qu'on n'a rien fait de mieux jusqu'à présent.
Les planches appartiennent au gouvernement, et on peut se
procurer les gravures et l'explication, rue de l'Oratoire, hôtel
d'Angivilliers, à la *Calcographie* royale.

Il n'y a aucun doute que cette peinture poétique de la *haîne* ne soit au-dessus de toutes celles des meilleurs peintres ; parce que la haîne, comme je l'ai dit , est un sentiment concentré dont le peintre ne peut exprimer que l'action ; et l'action, née d'un sentiment haîneux, prend une forme qui diffère de son principe. Aman de race Amalécite était l'ennemi des Juifs ; mais sa haîne pour cette nation ne s'est développée complétement que du moment où il a été en posture d'agir contr'eux. Le poète peindra la haîne d'Aman pour les Juifs avant qu'elle agisse, ce que le peintre ne pourra pas faire.

Il ne faut pas confondre la *haine* avec la *jalousie*, comme l'a fait Le Brun dans son traité. La *jalousie*, fille de l'amour-propre, sœur de la déraison, est un sentiment malheureux qui fait que l'on convoite le bonheur ou la possession des autres. La jalousie est toujours accompagnée de la haine ; elle marche avec la fureur, souvent même avec la calomnie, et elle donne naissance au crime.

Comme modèle de la jalousie, en peinture , je proposerai la tête de la mauvaise mère du *jugement de Salomon*, par Nicolas Poussin. Ce tableau est au Musée du Roi.

Il est une espèce de *jalousie* que l'on ne doit pas confondre avec la première, c'est celle qu'une grande sensibilité place dans le cœur de l'être amoureux ; dans cette circonstance, elle est provoquée par la défiance de son mérite personnel, ou par un manque de confiance dans la personne aimée. Cependant la *jalousie* née de l'amour est dans la nature.

En parlant du prince le plus vertueux, Racine a dit :

Si Titus est jaloux, Titus est amoureux !

Tout être amoureux sera jaloux ; mais quand cette jalousie n'est plus modérée par la raison, elle devient une passion et conduit dans des excès toujours funestes.

L'homme amoureux qui n'est pas jaloux n'est qu'un orgueilleux infatué de sa personne ; plein de l'amour de lui-même, il croit honorer la personne qui cède à ses instances.

§. X. — L'Ambition.

L'ambition ne peut-être mise au nombre des passions de l'ame ; c'est une maladie du cœur qui a pris naissance dans la tête de l'individu qui en est possédé. Elle éloigne toutes les affections comme tous les sentimens avec lesquels elle ne peut avoir d'analogie.

L'ambition est le résultat de l'amour-propre, et le partage de l'égoïste. L'ambition est aveugle dans la conduite, sourde aux conseils, et sœur de l'indifférence dans les affections les plus tendres.

Il y a deux sortes d'*ambitions*, celle des richesses et celle de la gloire. L'ambition des richesses est vile, celle de la gloire est excusable ; toutes deux cependant enfantent des malheurs et même des crimes lorsqu'elles ne sont pas modérées. Toujours l'ambition est accompagnée de soucis, de chagrins ; elle s'empare de l'ame de quiconque lui sacrifie et ne la laisse jamais en repos.

Il ne faut pas confondre l'*émulation* avec l'*ambition*, comme on a pu le faire.

Émulation, espèce de jalousie, lit-on dans le dictionnaire de l'Académie. Il n'y a ni vérité ni philosophie dans cette définition.

L'émulation est une vertu sociale. C'est un sentiment vif, ardent, né de l'amour du bien qui développe en nous les facultés que nous avons reçues de la nature. Dans les gouvernemens civilisés, une noble émulation tournera au profit de la société. Elle élève l'ame de celui qui en est possédé ; et l'homme, qui à tout âge de la vie fera des efforts pour n'être pas surpassé par un autre dans ce qu'il entreprend, sera recommandable et digne de porter la couronne civique.

L'émulation est une vertu, l'ambition est un vice.

L'ambitieux ne s'attache à rien ; semblable à un joueur il en aura tous les vices ; il sacrifiera sa femme, ses enfans, ses amis, et tout ce qu'il a de plus cher au monde. Aveuglé par le faux raisonnement qui le domine, il se plongera de lui même dans l'abîme pour atteindre le but auquel il aspire. Cependant l'ambitieux peut avoir toutes les qualités du cœur ; mais une fois entraîné par un charme dont il n'est plus le maître, il est subjugué par elle, et marche en aveugle à sa perte infaillible.

Enfin, du moment où l'ambition aura germé dans la tête d'un individu, elle deviendra pour lui une idée fixe qui le poussera à sa ruine. Je le répète, celui qui s'éloigne des affections de l'ame pour se livrer à des spéculations ambitieuses, perd nécessairement le bonheur ; il marche au tombeau sans avoir connu les douceurs de la tendresse et de l'amitié qui font le charme de la vie; isolé au milieu de la société, le monde pour lui est un désert, et il meurt dans l'abandon le plus absolu.

La peinture de l'ambition appartient à la poésie et non pas aux arts du dessin. Cette passion a été exprimée par *Racine* d'une manière admirable au troisième acte d'Athalie, dans la scène entre Mathan, prêtre apostat, et Nabal son confident. Il suffit de lire le couplet de Mathan, pour être convaincu de la supériorité du poëte sur le peintre, s'il en était un assez peu raisonnable pour essayer un coup de crayon sur un sentiment aussi concentré que celui de l'ambition.

CHAPITRE IX.

Dans l'un de mes articles, en parlant du tableau de Jean Cousin, j'aurais dû dire que ce peintre, justement considéré comme le fondateur de l'École française, fut surnommé le *Michel-Ange français*, et qu'il possédait éminemment tous les arts. Célèbre sculpteur comme célèbre peintre, savant anatomiste et habile graveur en médaille, il nous a laissé des ouvrages parfaits dans les différens genres qu'il a exercés. On a de lui un ouvrage, avec figures, sur les *proportions du corps humain*, qui est encore aujourd'hui dans les mains des étudians (1). Jean Cousin a peint sur verre avec succès ; vivement agité par une imagination ardente, il a produit des ornemens qui seraient peu admissibles pour le goût; mais il excellait dans l'art de composer des figures fantastiques; c'est-à-dire, les mascarons, les chimères et les animaux fabuleux. Comme je l'ai observé, le génie fait valoir tout ce qu'il produit ; et on admire avec raison ; dans les masques d'*Arlequin* et de *Polichinel*, la touche savante

---

(1) Je possède plusieurs médailles qui font connaitre son talent comme graveur, et le fragment en marbre d'une statue de Saturne, qui prouve à quel point il était bon sculpteur.

de Michel-Ange qui les avait modelés pour le théâtre Italien.

Dans ce genre d'invention, s'il y a de l'*imagination*, il y a aussi du *génie*.

Maintenant, je vais examiner quels sont les avantages que le peintre, ou le statuaire, peut tirer du mariage de l'*imagination* avec le *génie*.

§. I. — LE GÉNIE INVENTE, L'IMAGINATION EMBELLIT.

L'*imagination* doit être réglée dans les ouvrages de l'esprit comme dans les productions des arts ; dans cette circonstance sa conduite sera essentiellement soumise à la raison.

Le goût, ce sentiment fin et délicat qui embellit la raison elle-même, qui subjugue tous les êtres, doit être également considéré comme le directeur de l'imagination. Dans aucun cas l'imagination ne peut être admise dans les arts que lorsqu'elle s'arrête dans de justes limites, et qu'elle coïncide avec le sujet que l'on traite et avec la nature ; aussitôt qu'elle passe les bornes voulues par la raison, elle prend le caractère de la démence. La Tentation de Saint-Antoine, célèbre ouvrage de Jacques Callot, est un modèle de l'imagination en délire. Dans cette composition *originale* et *singulière*, on ne verra que la caricature de l'imagination.

Il en est ainsi des productions de Gillot, autre

peintre français, dont les folies en composition dé-
passent les convenances.

> Aimez donc la raison; que toujours vos écrits,
> Empruntent d'elle seule et leur lustre et leur prix.

L'imagination sage et réglée, dans l'exercice des
lettres, provoque celle des lecteurs ou des auditeurs.
Dans les productions des arts, l'imagination, portée
à l'excès, repousse le spectateur, embarrasse sa pensée,
et inspire la satiété, ainsi que l'a dit Boileau :

> Fuyez de ces auteurs l'abondance stérile,
> Et ne vous chargez point d'un détail inutile :
> Tout ce qu'on dit de trop est fade et rebutant,
> L'esprit rassasié le rejette à l'instant.

La fougue de l'imagination, dans la littérature
comme dans la peinture et la sculpture, plait à la
multitude; elle emporte souvent le prix sur la sage et
modeste raison ; mais son règne n'est que momentané,
et le vrai goût, bientot après, en fait justice. Personne n'ignore que le style empoulé de Pradon fut
préféré au langage pur, éloquent et sentimental de
Racine; mais, si l'on fut injuste un moment envers
le grand homme, le temps a mis chacun à sa place.

Le célèbre peintre Jules Romain, dont j'ai déjà
parlé, a souvent négligé la raison dans ses ouvrages,
pour s'abandonner à la chaleur de l'imagination; et
on le voit, dans la même composition, élever son
style jusqu'au sublime, puis le ravaler et le rendre

trivial; ce que présente la galerie du Té, à Mantoue, où il a peint le *Combat des Géans contre les Dieux*. Jules Romain, maître de son exaltation, quand il a peint les Dieux, a parfaitement saisi le caractère surhumain qu'il convenait de leur donner : son dessin est digne, noble et beau; mais ensuite, on le voit s'exalter au-delà des convenances, et enfanter des monstruosités telles, qu'on peut supposer, en voyant son tableau, qu'il était en parfaite raison lorsqu'il a peint les Dieux, et qu'il était en démence quand il a peint les géants. Cependant, les écarts du grand homme, semblables à ceux de Corneille, ont cette verve imposante, et cette mâle éloquence qui remue l'ame, qui parle aux sens et commande l'admiration.

On connaît, de Jules Romain, une composition curieuse qui mérite d'être citée; elle est dans les porte-feuilles de tous les artistes, et représente une *Bacchanale* ou le *Triomphe de Bacchus*. La marche de ce tableau, dont le sujet est entièrement d'imagination, montre une sorte de dignité et de sévérité dans le style; elle est *grandiose,* tout est en mouvement, chaque acteur est à sa place et parfaitement à la scène. Cette qualité est la première que l'on exige dans un tableau historique ou allégorique.

Il y a ici *imagination* et *singularité*. L'imagination existe dans l'invention générale du sujet; mais il y a de l'*originalité* et même de la *singularité* dans le personnage, dépouillé de sa chevelure, qui marche avec des échasses; dans la figure qui fait des culbutes devant le char du Dieu du vin; dans un enfant qui, à l'aide d'un miroir, fait voir aux spectateurs le derrière d'un satyre ivre qui est renversé sur le devant de la scène ; dans une grosse femme placée près du char de Bacchus, laquelle boit et fait en même temps la fonction contraire ; et, ce qui est encore plus *singulier*, c'est que ce satyre femelle a la cuisse et la jambe gauche d'une chèvre, et la droite d'une femme. Il est bon de remarquer toutes ces choses, parce qu'elles sont caractéristiques, et qu'elles sont aussi la conséquence de l'organisation de celui qui les crée. Cette production ingénieuse et savante a été gravée par Théodore de Bry. On considère cette pièce comme un chef-d'œuvre, pour la finesse du burin et la perfection du dessin.

Dans la circonstance, on accordera du *génie* à Jules Romain, parce que, considérant le sujet en lui-même, on conviendra que, par sa nature, il permet que le peintre donne carrière à son imagination.

C'est le seul cas où le *génie* puisse se confondre avec l'*imagination*. On remarquera encore, que Jules Romain a eu recours à la *mémoire* pour dessiner et peindre l'homme qu'il a représenté faisant la culbute, parce qu'il est impossible qu'un modèle vivant reste assez de temps dans une attitude semblable pour qu'on puisse le dessiner.

Pierre-Paul Rubens avait aussi l'imagination exaltée et féconde ; il a souvent outre-passé, dans ses compositions, les convenances prescrites par la raison, pour sacrifier au gigantesque et à l'effet théâtral.

Le *gigantesque* n'est pas le *grandiose*.

Le mot *grandiose*, que l'on emploie souvent dans

le langage des arts, est le même que notre mot *grand*.
Ce que l'on entend par le mot *grand* ne peut se confondre avec le mot *long*, comme l'auteur de l'ouvrage
dont j'ai déjà parlé, intitulé *Histoire de la Peinture en
Italie*, le fait entendre dans son livre. Tout le monde
sait que le mot *grand*, dans les arts, ne s'entend pas
uniquement de la dimension d'un tableau, ou de la
hauteur d'une statue. On dit *grand style*, *grand effet*,
composition *grandement conçue*; etc., etc.

Le mot *grand* ou *grandiose*, dans la circonstance
dont il s'agit, s'entend d'une composition vaste, d'un
dessin noble et bien développé dans toutes ses parties; d'un style sévère et précis dans le jet des draperies; enfin, d'un coloris prononcé dans son ensemble, et bien adapté au sujet traité.

En général, ce que l'on entend par *grandiose* dans
les arts, se trouve autant dans le *Sommeil de l'Enfant Jésus*, de Raphaël, que dans le tableau de la
Transfiguration, du même peintre, quoique le premier soit d'une très-petite dimension, et que les figures du second soient plus fortes que le naturel. La
conception énergique du *Jugement dernier* de Michel-
Ange est aussi *grandiose* dans la gravure réduite que
dans le tableau même. Les têtes et les figures des
camées grecs sont aussi grandement conçues que la
tête-colossale d'*Antinoüs*, et le groupe de *Laocoon*.

Il n'en sera pas ainsi des *Quatre Élémens*, peints par
Albane, du musée du Roi. Ce peintre, qui n'avait pas
le sentiment de ce qu'on appelle *grandiose* dans les arts,
en exprimant, dans un cadre trop resserré, des sujets

trop vastes, peut-être, pour l'étendue de son génie, a totalement manqué son but. En voyant ces ouvrages, on aperçoit seulement qu'il a fait quelques efforts pour arriver à un résultat imposant ; mais on ne voit que des figures assez bien faites, que l'on a beaucoup de peine à rattacher au sujet dont elles sont l'image.

Jamais Rubens ne connut les grâces : les formes de ses figures sont exagérées et d'un mauvais choix ; son style est négligé son dessin savant, mais incorrect. Cependant, le coloris de Rubens est riche et poétique. Ce que je viens de dire de Rubens serait suffisamment démontré par les traductions en gravure de ses nombreux ouvrages, qui sont sous les yeux de tout le monde, et beaucoup mieux encore par l'examen des tableaux qui décorent le musée du Roi ; mais, pour caractériser, en peu de mots, la manière de composer du peintre flamand, ainsi que pour faire connaître la nature de son imagination, et la qualité de son dessin, je parlerai du *Jugement de Pâris*, qui ornait la galerie d'Orléans, et de la *Chute des Anges rebelles*, de la galerie de Dresde, parce que la différence des caractères dont ils se composent mérite d'être remarquée. En voyant le caractère des têtes et le dessin des formes sous lesquelles Rubens fait paraître les trois déesses dans son tableau du *Jugement de Pâris*, j'ai eu raison de dire, qu'il ne sacrifiait point aux grâces, car il est impossible de montrer la beauté sous des traits plus désagréables. Il est vrai que le coloris est parfait. La composition plaît, quoiqu'il n'y ait ni *génie* ni *imagination*. L'envie,

armée d'une torche et d'un serpent, que le peintre
a placée dans le ciel, au-dessus de Junon, et la vapeur empestée que le monstre répand dans l'atmos-
phère seront un trait d'esprit, si l'on se rappelle que
la pomme donnée à Vénus fut la cause d'une guerre
longue et cruelle entre les Grecs et les Troyens.

Il y a beaucoup d'*imagination* dans l'ensemble et
la conception des groupes du tableau de Rubens,
représentant la *Chute des Anges;* il y a de l'exagé-
ration dans les attitudes et dans les mouvemens des
personnages, et plus encore dans les formes du dessin.
Il suffit de voir ce tableau, pour convenir que le *gigantesque*, dans l'art de peindre, n'est pas le *génie.*
Il est vrai que l'imagination extraordinaire de Rubens,
unie à la perfection du coloris, acquiert une double
qualité qui fait illusion au point que le spectateur,
trompé par l'apparence, lui accorde des beautés qui,
véritablement, n'existent pas.

Le *beau* et le *vraisemblable* sont seuls admissibles
dans les productions des beaux-arts. Nous convien-
drons cependant que ce n'est pas toujours une puissance invincible qui a conduit les grands artistes à
des écarts d'imagination, et nous dirons que, dominés
par la force de la passion, ils ont souvent cédé à un
sentiment d'orgueil qui les dominait; car on voit clairement qu'ils n'ont eu d'autre volonté dans leurs exé-
cutions exagérées, que celle de produire des ouvrages
extraordinaires, croyant se placer au-dessus des autres
artistes. Je les comparerai donc a des sophistes habiles
qui abuseraient de leur raisonnement et même de leur

imagination pour prouver un paradoxe qu'ils auraient avancé.

Il est donc reconnu que l'imagination doit être soumise à la raison ; c'est ce que nous présentent les conceptions de Raphaël et celles du Poussin. L'un est exalté dans sa pensée comme dans son tyle, mais son imagination est sage et mesurée : jamais elle ne sort des bornes prescrites par la raison. L'autre, observateur profond, étudie la nature et médite avant de rien tracer sur la toile. Apelles, le peintre d'Alexandre, le rival de Protogène, suivant Pline, mettait beaucoup de modération et de sagesse dans la composition de ses tableaux ; ses ouvrages sont une *Vénus, Anadyomène*, et le *Portrait d'Alexandre*, qu'il représenta la foudre à la main comme Jupiter ! Le même auteur ajoute que pendant que Protogène peignit son fameux tableau *d'Yalysus*, il observa un régime très-sévère, dans la crainte d'exalter son imagination au-delà des bornes. Sophocle est énergique et sublime dans ses conceptions tragiques ; son imagination ardente lui faisait enfanter les scènes les plus terribles ; celles d'Euripide, son contemporain, d'accord avec son cœur, retraçaient aux Athéniens les sentimens les plus tendres ; tel Paris vit, sous le beau siècle de Louis XIV, couronner Corneille et Racine. L'un, grand, élevé, étonne l'esprit ; l'autre, tendre et touchant, entraîne et fait verser des larmes : l'un et l'autre ont été souvent imités et sont restés les maîtres de la scène française. Boileau, vivement ému par la lecture des poésies d'Horace, le choisit pour modèle ; il a souvent balancé le poète

romain par la perfection de ses vers et le coloris de
ses charmans tableaux. Molière, conduit dans son art
par Plaute et Térence, les a surpassés; et Schakespéar, malgré sa brillante imagination, est resté au-
dessous du Dante et de Corneille.

L'imagination féconde et brillante des Grecs a singulièrement embelli et augmenté les poèmes sacrés
des Chaldéens et des Égyptiens. En donnant aux astres
et aux constellations des noms d'hommes, de femmes
et des formes humaines, ou des figures d'animaux,
ils ont peuplé les cieux. Saturne, Jupiter, Apollon,
Bacchus, Adonis, Mars, Vénus, Minerve, Hercule,
Jason, l'Amour même, sont autant d'emblèmes astronomiques sur lesquels les anciens ont composé les
fables les plus savantes comme les plus agréables. Ces
poèmes ingénieux ont singulièrement stimulé l'imagination des peuples; et, dans tous les temps, les
poètes, les peintres et les sculpteurs, se sont plus à
chanter, à peindre ou à sculpter les héros mytholo-
giques d'une religion dont le but était l'adoration de
la nature et celle de ses phénomènes.

La peinture retrace aussi tout ce que raconte l'histoire; elle doit s'énoncer clairement comme le discours; *écrire* et *peindre*, dans le sens figuré, ne sont
à peu près qu'une même chose. Le récit des anciens
sur le tableau de *la Calomnie*, d'Apelles, est une preuve
de ce principe incontestable et du génie des peintres
Grecs: quoique le trait soit connu, je le rapporterai
d'après Lucien qui nous l'a fait connaître dans son
Traité de la Calomnie; on ne saurait mettre trop souvent

sous les yeux des hommes les tristes et funestes résultats de la calomnie et des fausses délations.

Antiphile, peintre de réputation, mais inférieur en mérite à Apelles, l'accusa d'être entré avec Théodotas dans la conspiration de Tyr. L'accusation était contre toute vraisemblance, car Apelles n'avait jamais été à Tyr, et même ne connaissait pas Théodotas. Le roi Ptolémée, sans rien examiner, (il s'agissait de la sûreté de sa personne) voulut, dans son emportement, faire conduire Apelles au supplice ; mais, éclairé sur la vérité du fait, par l'aveu volontaire d'un des complices, qui déclara qu'Apelles n'avait eu aucune part à la conjuration, et s'en étant informé lui-même, il lui rendit son amitié, le gratifia de cent talens pour le dédommager de l'injure qui lui avait été faite, et lui livra Antiphile pour être son esclave.

A la droite du tableau, dit Lucien, est assis un homme d'éclat et d'autorité, qui a de grandes oreilles d'âne, et qui tend la main à la calomnie pour l'inviter à s'approcher. A ses côtés sont l'ignorance et le soupçon. La calomnie paraît s'avancer. C'est une femme d'une grande beauté. On entrevoit dans sa démarche et sur son visage quelque chose de violent et d'emporté, comme d'une personne animée de colère et de fureur. D'une main, elle tient un flambeau pour allumer le feu de la division et de la discorde ; de l'autre, elle traîne par les cheveux un jeune homme qui tend les mains vers le ciel, et qui implore l'assistance des Dieux. Devant elle marche une personne qui a le visage pâle, le corps sec et décharné, les yeux perçans, et qui semble mener la bande ; c'est l'envie. La calomnie est accompagnée de deux autres femmes qui l'excitent, qui l'animent, et qui s'empressent autour d'elle pour relever ses attraits et ses atours. Leur air composé fait voir que c'est la ruse et la trahison. Enfin, après tous les autres, suit le repentir, couvert d'un habit noir et déchiré, qui, avec beaucoup de confusion et de larmes, tournant la tête en arrière, reconnaît dans le lointain la vérité qui s'approche environnée de lumière. Telle fut la vengeance ingénieuse de ce grand peintre.

Nous avons un exemple semblable de nos jours. Un de nos plus célèbres professeurs de l'*École des Beaux-arts*, injustement outragé dans l'art qu'il professe, s'en est vengé d'une manière brillante avec son pinceau, précisément comme fit Apelles lorsqu'après avoir quitté l'Egypte il retourna à Ephèse. Le champ de bataille fut le champ d'honneur pour le peintre français, et celui du mépris pour les ignorans qui l'avaient insulté ; il eût les habitans de Paris pour témoins, et le salon du Louvre pour lieu du combat.

Quoique j'aie imprimé quelque chose sur la *calomnie* dans un autre ouvrage, il ne sera pas déplacé d'y revenir ici, puisque l'action d'un vil menteur a pu mettre la vie d'Apelles à deux doigts de sa perte, et que ce genre perfectionné de scélératesse n'a que trop souvent désolé la société.

Calomnie, fausse imputation qui blesse la réputation et l'honneur. Voilà ce qu'on lit dans le Dictionnaire de l'Académie. Le philosophe, qui, en parlant de la calomnie, a dit : *la calomnie est un assassinat moral,* en a fait le portrait d'un seul coup de pinceau. En effet, c'est un mensonge atroce que l'on met en avant, pour perdre son semblable et pour en faire tourner le résultat à son profit. La *calomnie* sera donc l'apanage de l'ennemi des hommes, de l'ambitieux et de l'égoïste, qui fera jouer tous les ressorts que lui suggèrera son imagination ou ses moyens pour arriver à ses fins.

Combien de rois, de reines, de princes, de citoyens, de corporations civiles ou religieuses ont été victimes des mensonges les plus infâmes et des délations les plus abominables ! Le calomniateur n'épargne personne. Dans sa fureur hypocrite, il promènera ses regards sur tout ce qui environne le trône, sur les emplois les plus élevés comme sur les talens les plus distingués ; il osera même attaquer l'innocence et la vertu. Enfin, le calomniateur n'a ni religion ni conscience, c'est un assassin masqué, qui frappe dans l'ombre et sous l'*incognito,* il se présentera sans pâlir devant la loi, et cherchera à égarer le jugement des hommes sur l'application qu'ils doivent en faire, parce qu'*il boit l'iniquité comme de l'eau.*

La Calomnie est une action qui ne peut s'exprimer en peinture. Mais, comme l'a prouvé Apelles, on y parviendra avec le secours de figures ingénieusement inventées et spirituellement adaptées au sujet.

Raphaël a cherché plus d'une fois à reproduire la belle composition d'Apelles d'après le récit de Lucien ; il en a fait plusieurs essais au crayon, que l'on a gravés, et dont les copies ne sont pas au-dessous des dessins précieux qui ne le cèdent en rien aux autres productions de Raphaël.

Je n'ai plus qu'un mot à dire sur l'effet de l'*imagination* dans la production des beaux-arts.

Nous voyons encore aujourd'hui l'imagination des peintres et des sculpteurs s'enflammer à la vue des chefs-d'œuvre de l'antiquité et des productions des grands maitres. Le peintre voudrait animer la Vénus de Médicis. Le sculpteur, attiré par les formes mâles et énergiques de la statue d'Hercule filant auprès d'Omphale (désignée sous le nom de *Torse antique*), saisit les muscles arrondis du vainqueur de l'Hydre, et cherche avec la main qu'il promène sur toutes les parties de son corps, à découvrir les secrets de l'art. C'est ainsi que l'on vit Michel-Ange, aveugle, se faire porter auprès du chef-d'œuvre, et jouir, malgré sa cécité, du plaisir de le toucher avant de mourir, car il l'avait demandé. Mais ce qu'il y a de plus remarquable encore dans ces monumens de l'art statuaire, c'est leur ensemble , leur conception générale, et le sentiment de vérité ; toutes les parties qui les composent sont tellement en harmonie avec le tout , qu'elles provoquent l'imagination au point qu'en les voyant on est au-delà des régions terrestres. L'Apollon du Belvédère n'est plus un marbre, c'est un Dieu ! *A la vue de ce prodige*, dit Winckelmann, *j'oublie l'univers entier ; je prends moi-même une attitude plus noble pour le contempler avec dignité.*

Laocoon est pénétré du sentiment le plus cruel ; c'est un père qui voit périr ses enfans sous ses yeux , sans avoir la puissance de les secourir; il est lui-même attaqué par le monstre qui les dévore. La douleur la plus aiguë, mêlée de crainte, est exprimée avec noblesse. Si les bras et les jambes de Laocoon se roidissent contre la douleur physique, c'est avec grâce, c'est avec la dignité qui convient au prêtre d'Apollon. Le malheureux cherche à se débarrasser du serpent énorme dont il est enlacé, et le monstre triomphateur lève la tête au-dessus de sa victime : *Superant capite et cervicibus altis.*

Ce groupe célèbre, l'ouvrage de trois statuaires Rhodiens, regardé comme la production la plus parfaite de l'art, fixe l'attention générale; devant lui le spectateur reste muet, interdit; il s'attendrit; peu à peu sa raison s'altère; son imagination s'exalte, pour lui Laocoon respire; il entend ses cris et les gémissemens de ses fils.... Pline place ce chef-d'œuvre de l'antiquité au-dessus de tout ce qui a été fait dans les arts dépendans du dessin : *opus omnibus, et picturæ et statuariæ artis præponendum....*

En lisant le célèbre ouvrage du plus célèbre poète latin, on ne doute pas un instant que les poëmes héroïques d'Homère n'aient inspiré l'auteur de l'*Enéide.*

L'ouvrage de Virgile produisit le plus grand effet sur la princesse Octavie, lorsqu'elle le lut pour la première fois devant l'empereur Auguste, et l'évanouissement de cette femme, lorsque le grand homme prononça avec un éloquent enthousiasme : Tu Marcellus eris! est la preuve la plus convaincante de la puissance de la poésie, et en général des productions des beaux-arts sur les hommes bien organisés.

Je reviens aux passions de l'ame.

§. II. — L'expression extérieure détermine les sensations physiques et l'état moral de l'homme et des animaux ; elle sera donc une image de la douleur, de la crainte, du désir, du dédain, de la joie, et même de la passion la plus vive que l'on nomme *Amour*.

Le *geste*, ou la pantomime, est essentiellement lié à l'expression : dans la peinture comme dans la sculpture, l'expression né consiste pas uniquement dans les traits du visage ou de la face, c'est-à-dire dans les yeux et les sourcils, dans la bouche, le nez et les oreilles, comme dans le contour qui les enveloppe ; mais encore dans le mouvement à donner à la tête et aux cheveux, dans l'attitude générale du corps, dans la pose des bras et des jambes, aussi bien que dans l'action des mains et des pieds. Poussin et Lesueur en donnent un exemple. Le premier, par une figure de son tableau de l'*adoration des Mages* : son corps est plié en deux ; le mouvement de ses jambes, celui de ses bras et de ses mains expriment plus encore la situation de son ame, qui est en adoration, que les traits de son visage. On ne verrait pas le visage du juge, dans le tableau *du Supplice de saint Gervais et de saint Protais*, que la position des bras et les poings fermés du personnage indiqueraient suffisamment la colère concentrée que Lesueur a eu l'intention de peindre. Dans *le massacre des Innocens*, de Lebrun, on remarquera la cruauté froide du roi Hérode. Son attitude est expressive ; il fait passer le char dans lequel il est tranquillement assis sur nombre d'enfans entassés là par l'obéissance féroce des soldats. Le mouvement des chevaux qui reculent et refusent de marcher (1), l'action du cocher qui les presse, tout, dans ce groupe, intéresse et attache ; il y a expression et convenance. On connaît de Boulogne, un tableau représentant *saint Ambroise refusant l'entrée de l'église à l'empereur Théodose*, où le geste seul exprime l'action. Saint Ambroise, voyant approcher l'empereur, sort du temple et le repousse ; ce qui est exprimé, d'une part, par la main droite qui s'étend, tandis que la main gauche semble indiquer le temps, le lieu, et le nombre des citoyens de Tessalonique qu'il a fait massacrer : gestes parfaitement en rapport avec ce que saint Ambroise dit à Théodose. L'empereur, surpris de l'apostrophe du saint évêque, reste dans l'attitude qu'il avait prise en montant les degrés du temple ; il fait seulement un mouvement en arrière, voilà ce que j'appelle vérité dans le geste. Cette composition fait partie des tableaux de *la vie de saint Ambroise* que Boulogne a peint dans la coupole de l'une des chapelles de l'hôtel royal des Invalides. Le même

---

(1) Généralement les chevaux se refusent à passer sur un corps vivant, il faut les presser vigoureusement pour les y déterminer.

sujet a été traité par Rubens, avec plus d'ambition, mais avec moins de vérité.

L'expression dans les arts dépendans du dessin, est le résultat du sentiment et de l'observation, du génie et de l'étude. La connaissance parfaite de l'anatomie est indispensable aux artistes qui veulent exceller dans l'art de rendre les passions de l'ame. *L'expression est tout l'art*, a dit un auteur moderne ; *un tableau sans expression, n'est qu'une image pour amuser les yeux un instant.*

Le sourcil exprime généralement la situation de l'ame ; ses divers mouvemens peignent la tristesse, la joie, la crainte, la douleur, l'amour, la rigueur, l'orgueil, la colère, la bonté ; enfin, toutes les expressions qui se peignent sur le visage. Son étude particulière est donc essentiellement nécessaire à l'artiste qui veut professer avec avantage les arts dépendans du dessin. Les ouvrages de Léonard de Vinci, de Michel-Ange, de Raphaël, de Dominiquin, d'Albert Durer, de Claëssens et de Poussin, sont des modèles que je proposerai aux Étudians pour l'*expression* et le *geste*.

Le *geste*, comme je l'ai dit, doit-être en rapport avec l'expression de la face. Un peintre, s'il veut rendre parfaitement l'expression du geste, se supposera un moment à la place des individus qu'il voudra mettre en scène. Il considérera le rang qu'ils occupent dans la société, et la nature du climat où ils auront reçu le jour. Et, pour mieux faire encore, une fois la composition du tableau arrêtée, avant d'en dessiner les figures sur la toile, et d'en déterminer les attitudes et les mouvemens, il écrira le dialogue de la scène qu'il aura imaginée, comme s'il en destinait la représentation au théâtre : on se rappellera que Racine, avant de mettre ses tragédies en vers, les faisait en prose. Les tableaux les plus remarquables pour la vérité du dialogue, sont ceux de *la Cène*, de Léonard de Vinci, et de la *Femme adultère*, par Nicolas Poussin.

Il est des expressions qui ne sont pas du ressort de la peinture, de la sculpture et de l'art du dessin, parce que leurs moyens sont limités et qu'ils ne peuvent exprimer qu'une action déterminée. La vengeance, la colère, et d'autres encore, sont dans ce cas là.

§. III. — LA COLÈRE ET LA VENGEANCE.

La *colère*, le résultat d'une opposition fortement prononcée contre notre volonté, provoque une irritation telle dans le genre nerveux, qu'elle porte l'homme à des excès de violence dont il n'est plus le maître. L'individu en colère devient furieux, sa raison s'égare, il éprouve un serrement de cœur et une contraction si forte au diaphragme, qu'il est en danger de perdre la vie.

La *colère* et la *vengeance* n'ont aucun rapport, et si je les réunis dans un seul chapitre, c'est pour en faire mieux connaître la différence. Les effets de la colère sont imprévus, vifs et violens; ceux de la vengeance sont médités, calculés, et s'exécutent dans le silence.

La *vengeance* est un sentiment naturel; un affront

une insulte, une injustice irritent l'homme sensible au
point de se méconnaître; de ce moment, il conçoit le
noble dessein de se venger. Il le veut, il en cherche
l'occasion; il n'y a que la raison ou la force de la
civilisation qui puisse arrêter les projets de vengeance
conçus par l'homme blessé dans son honneur ou dans
ses affections. Là où la vengeance sera autorisée, là
il y aura moins de méchans...

    « Les effets de la *colère* en font connaître la nature,
» dit Charles Le Brun; les yeux deviennent rouges, en-
» flammés, la prunelle égarée et étincelante; les sour-
» cils tantôt abattus, tantôt élevés également; le front
» très-ridé; des plis entre les yeux; les narines ouvertes
» et élargies; les lèvres se pressent l'une contre l'autre;
» l'inférieure, surmontant la supérieure, laisse les coins
» de la bouche un peu ouverts, qui forment alors un
» ris cruel et dédaigneux ». Le Brun, qui avait examiné les effets de cette passion sur la nature, en a donné
un mauvais dessin dans son traité des passions. Poussin
l'a beaucoup mieux rendue dans ses tableaux. Voyez
la *Femme adultère* au Musée du Roi.

Comme on vient de le voir, la *colère* se manifeste
au dehors, et se fait connaître autant par les traits de
la face que par l'attitude du corps. Il n'en est pas ainsi
de la *vengeance*, qui se concentre et se cache dans le
cœur de celui qui est outragé.

L'art d'exprimer la vengeance n'appartient ni au
peintre, ni au sculpteur, mais au poète. La vengeance
ne saurait se traduire sur la toile ou sur le marbre, ni
par le geste, ni par les traits du visage, parce qu'elle n'a

d'expression visible qu'au moment de son exécution;
et cette expression sera celle de la joie amère, parfaitement rendue par les deux vers que Crébillon a mis
dans la bouche d'Atrée :

Avec l'éclat du jour, je vois enfin renaître
L'espoir et la douceur de me venger d'un traître.

D'ailleurs, quand le peintre produirait sur la toile,
ou le sculpteur avec le marbre, un homme qui, justement irrité contre un individu, serait figuré dans
l'action de se venger; telles parfaites que puissent être
les parties de l'art dans son ouvrage, la statue ou le
tableau resterait toujours imparfait : parce que le sculpteur, pas plus que le peintre, n'a d'autres moyens que
ceux de rendre une action déterminée, et que celle-ci,
mise en position, présente deux actions différentes : si
elle n'est que morale, elle n'est pas du ressort des arts
du dessin; si elle est physique ou violente, dans sa
figuration en peinture ou en sculpture, elle prendra
le caractère d'un combat ou d'un assassinat.

D'après ce que je viens de dire, il est donc impossible,
dans les ouvrages qui appartiennent à l'art du dessin,
de trouver un modèle ou un exemple de l'expression
dont il s'agit; on la trouvera dans la poésie.

Je n'examine point si Atrée a raison de vouloir se
venger de l'insulte de son frère, qui lui enlève sa femme
pour en faire l'objet de ses amours, j'observe seulement
que le sentiment de la vengeance a été très-bien
exprimé par Crébillon, ce qu'aucun peintre n'aurait

pu faire. Écoutons les vers de sa tragédie d'Atrée, et nous serons convaincus :

> Que je l'épargne, moi ! Lassé de le poursuivre,
> Pour me venger de lui que je le laisse vivre !
> Ah ! quels que soient les maux que Thyeste ait soufferts,
> Il n'aura, contre moi, d'asile qu'aux enfers ;
> Mon implacable cœur l'y poursuivrait encore,
> S'il pouvait s'y venger d'un traître que j'abhorre ;
> Après l'indigne affront que m'a fait son amour,
> Je serai sans honneur tant qu'il verra le jour.
> Un ennemi qui peut pardonner une offense,
> Ou manque de courage ou manque de puissance.
> Rien ne peut arrêter mes transports furieux ;
> Je voudrais me venger, fut-ce même des Dieux.
> Du plus puissant de tous j'ai reçu la naissance :
> Je le sens au plaisir que me fait la vengeance.

(*Acte* 1, *scène* 2.)

Comme on le voit, Crébillon a rempli le but, ce qu'aucun peintre n'aurait pu faire. Ce seul couplet annonce tout ce qui va se passer dans le courant de la pièce ; dans la circonstance, la poésie a l'avantage sur la peinture ; il en est aussi où la peinture l'emporte sur la poésie : c'est ainsi qu'une seule ligne de Lucain est un tableau tout entier. Le grand mérite de Lucain consiste à faire penser fortement ses personnages, à leur donner de la fierté, de l'élévation et de l'énergie ; c'est-à-dire, à bien dessiner des têtes, ou à leur donner beaucoup de vigueur et d'expression. Voilà les modèles sur lesquels un peintre doit s'arrêter, quand il veut

traduire les expressions de l'ame avec le pinceau ou
avec le crayon.

§. IV. — LA COMPASSION.

La *compassion* est un sentiment doux qui fait que
l'on s'attendrit sur les malheurs d'autrui.

L'homme compatissant s'identifie avec celui que la
douleur accable, il pleure avec lui, le secoure et le
console.

« L'attention vive au malheur d'autrui, qu'on
» nomme *compassion*, dit Charles Le Brun, fait
» baisser les sourcils vers le milieu du front; la prunelle
» est fixe du côté de l'objet. Les narines un peu élevées
» du côté du nez, font plisser les joues; la bouche est
» ouverte; la lèvre supérieure élevée et avancée; tous
» les muscles et toutes les parties du visage abaissées
» et tournées du côté de l'objet de cette passion ».

La *compassion* est un sentiment, et non pas une passion comme le prétend Charles Le Brun. Ce sentiment
est pur, simple et solitaire en quelque sorte; je veux
dire qu'il est dégagé de toute espèce de passion, même
des affections qui lui seraient étrangères.

Charles Le Brun a donné un dessin particulier de
cette expression ; mais on doit préférer les têtes de
Raphaël, que l'on voit dans le tableau de *Jésus porté
au tombeau*, du palais Borghèse, et dans beaucoup d'autres compositions des grands maîtres.

§. V. — LE MÉPRIS.

Le *mépris* est une affection de l'ame, qui naît de la conscience de ce que l'on vaut et du peu d'estime que l'on porte à quelqu'un. Le mépris est toujours raisonné, et ne peut être le résultat d'un sentiment naturel.

Il ne faut pas confondre le *mépris* avec l'*orgueil*, le *dédain* et l'*indignation*.

L'*orgueil* n'est point une passion, c'est un travers de l'esprit fortifié par un faux raisonnement. L'orgueilleux n'est qu'un sot qui reporte sur lui les qualités des autres; trompé par son imagination, il croit valoir à lui seul tous les hommes. L'insolence et la fatuité accompagnent habituellement l'orgueilleux; dominé par la puissance d'une idée devenue fixe, il meurt comme il a vécu, et n'emporte avec lui que le mépris de ses semblables.

L'abbé Aubert, dans une fable intitulée : *Jupiter et l'Ane*, a parfaitement peint la sottise et la vanité d'un orgueilleux; il s'exprime ainsi :

> Lorsque Jupin forma les animaux,
> Chacun d'eux reçut en partage
> Et des vertus et des défauts.
> L'âne seul murmura de son simple apanage;
> Je n'ai, dit-il, pour moi, ni force, ni beauté.
> Jupin, sensible à sa requête,
> Lui donna tout, car, dans sa lourde tête,
> Il renferma la vanité.

Le *dédain* est le contraire de l'*orgueil*; c'est un sentiment tranquille, raisonné, qui vient de la conviction intime de ce que l'on vaut soi-même, et qui fait repousser, sans passion et sans effort, toute espèce d'attentat.

La tête de *Jésus-Christ portant sa croix*, peinte sur bois par Titien, que l'on voit dans la galerie de M. le chevalier Sommariva, est le plus beau modèle que l'on puisse consulter pour l'expression dont il s'agit.

Jésus porte sa croix; ses yeux, remplis de sang, sont de la plus grande beauté; sa bouche, quoiqu'exprimant la douleur, est belle et douce. Le *dédain* siége sur les lèvres du fils de Dieu descendu à la condition humaine; il est sans passion pour ses ennemis, et leur pardonne ses souffrances. Ce tableau est un chef-d'œuvre d'expression et de coloris. Les linges sont du plus beau faire possible; ils ne sont ni trop blancs, ni trop sacrifiés. Titien a tenu le juste milieu dans le coloris des draperies, pour ne pas écraser la lumière de la tête (1).

Le *mépris* et le *dédain* peuvent être considérés comme la conséquence de l'*indignation*. L'indignation est un sentiment vif, mais concentré. Sœur aînée du mépris, l'indignation le précède et ne rétrograde jamais. La vue d'une scène scandaleuse; un acte injuste

______

(1) On peut voir ce chef-d'œuvre de l'art, tous les vendredis, rue Basse du Rempart, n.° 4; M. le chevalier Sommariva accueille les artistes et les amis des arts avec une bonté qui lui est particulière.

provoque l'indignation qui nous porte à repousser tout
ce qui blesse les vertus et les convenances sociales.

La tête de Simon le Cyrénéen, d'un tableau de
Raphaël représentant *une descente de croix*, de la
collection du roi d'Espagne, et que l'on a vu chez
M. Bonnemaison, peint parfaitement l'indignation
d'un serviteur fidèle qui est douloureusement affecté
des outrages injustes dont on accable l'homme vertueux, sans qu'il soit en sa puissance d'en arrêter les
effets. (M. le chevalier Bonnemaison, l'a fait graver
sur un *calque* de la grandeur de l'original.)

« Les mouvemens du *mépris*, dit Charles Le Brun,
» sont vifs et marqués, le front se ride, le sourcil se
» fronce, s'abaisse du côté du nez, et s'élève beaucoup
» de l'autre côté ; l'œil est fort ouvert, la prunelle au
» milieu ; les narines élevées se retirent du côté des
» yeux et font des plis aux joues ; la bouche se ferme,
» ses extrémités se baissent, et la lèvre de dessous
» excède celle de dessus ».

La tête que Charles Le Brun a donnée dans sa collection pour exprimer le *mépris*, ne doit plus être
consultée après celle de Raphaël.

§. VI. — DE L'HORREUR.

L'*horreur* n'est point une passion ; c'est un sentiment naturel, mais accidentel, qui repousse tout ce
qui déplaît. Les objets qui soulèvent le cœur et
souillent la vue, inspirent de l'horreur. Charles Le
Brun se trompe quand il dit : *L'objet méprisé cause.*

quelquefois de l'horreur. L'*horreur* n'a aucun rapport avec le *mépris.*

Le *mépris*, dont j'ai déjà parlé, est une affection toute morale, tandis que l'*horreur* ne peut être provoquée que par la vue malheureuse d'un objet hideux et repoussant, ou par une action cruelle.

Charles Le Brun a donc eu tort de mettre l'*horreur* au nombre des passions de l'ame. « Le sourcil se » fronce, dit-il, et s'abaisse beaucoup plus que dans » le mépris. La prunelle, située au bas de l'œil, est à » moitié couverte par sa paupière inférieure ; la bouche » entr'ouverte, mais plus serrée par le milieu que par » ses extrémités, qui, étant retirées en arrière, forment » des plis aux joues ; le visage pâlit, et les yeux de- » viennent livides ; les muscles et les veines sont » marqués ». Je l'ai déjà dit, et le répète, ce peintre a mieux observé la nature qu'il ne l'a dessinée, car la tête qu'il a donnée de cette expression est fort mé-diocre. Il n'en est pas ainsi de la mère de Jésus-Christ, dans la *Descente de Croix* d'Annibal Carrache, qui ornait la galerie du duc d'Orléans où je l'ai copiée. Jésus est étendu au pied de la croix ; Marie arrive inopinément, on ne sait ce qui se passe dans son ame ; mais, douloureusement affectée par le souvenir des souf-frances de son fils, et frappée d'*horreur* à la vue de son corps inanimé, elle veut se précipiter sur lui ; elle le voit et le demande encore. Dans une agitation délirante et convulsive, la prunelle de ses yeux se dilate, et ses narines s'élargissent, ses joues s'aplatissent, et sa bouche s'ouvre à l'excès : Marie est dans un état voisin de la mort. Voilà comment le grand peintre de l'Ecole Lombarde a représenté l'*horreur* que peuvent inspirer l'injustice et la cruauté, à la vue du sujet qui en est victime. Ce bel ouvrage est passé en Angleterre, dans la collection de lord Carlisle, chevalier de l'ordre de la Jarretière.

§. VII. — DE LA DOULEUR.

On distingue deux espèces de *douleur :* la *douleur morale* et la *douleur physique.*

La douleur morale est profonde, aiguë, et participe de l'abattement. Sœur de la *mélancolie*, elle provoque un état de malaise tel que l'homme le plus sage comme le plus vertueux, livré à l'ennui, et devenu à charge à lui-même, appelle la mort à son secours.

La perte d'un être chéri, un renversement de fortune, ou un jugement inique, donnent naissance à la douleur morale.

« La *douleur aiguë*, a dit Charles Le Brun, fait » approcher les sourcils l'un de l'autre, et les élève » vers le milieu; la prunelle se cache sous le sourcil; » les narines s'élèvent en marquant un pli aux joues; » la bouche s'entrouvre et se retire; toutes les parties » du visage sont agitées en raison de la violence de » la douleur ». A la suite de cette explication, Le Brun donne deux dessins de la *douleur,* qu'il intitule : *Douleur aiguë* et *douleur corporelle simple.*

Le tableau du *Juge prévaricateur,* peint par Claëssens,

que nous avons vu pendant plusieurs années au Musée du Louvre, offre un chef-d'œuvre de la douleur morale dans l'expression de la face du même juge, au moment où l'on se saisit de sa personne, en lui reprochant son crime. Déjà le coupable ressent les angoisses du supplice qui le menace. L'attitude, les mains, la pose incertaine des jambes, tout, dans cette figure, concourt à peindre le malaise qui trouble et agite son ame. Mais où le génie du peintre se fait remarquer, c'est d'avoir su exprimer, comme il l'a fait, sur le visage de ce malheureux, la douleur morale et l'inquiétude de la douleur physique qui l'attend ; il sait que son sort est d'être écorché tout vivant.

« Dans la *douleur simple corporelle*, dit Charles » Le Brun, les sourcils s'approchent et s'élèvent moins » que dans la *douleur aiguë*. La prunelle paraît fixée » vers un objet ».

Cette première définition ne peut se généraliser comme le fait l'auteur. La prunelle de la personne affectée sera, en effet, tournée vers un objet, si c'est effectivement un sujet quelconque qui cause la douleur physique qu'il appelle *corporelle;* mais si cette douleur est personnelle, le regard sera perdu, tourné vers le ciel ou fixé sur le siége du mal. « Les » narines, continue Le Brun, s'élèvent, mais le » pli des joues est moins sensible; les lèvres s'é- » loignent vers le milieu, et la bouche est à demi- » ouverte ». Le dessin qu'il donne de la douleur corporelle n'est pas très-bon à consulter.

La *douleur physique* est celle que l'on ressent par

un dérangement quelconque dans l'organisation du corps, par une blessure, par une opération chirurgicale, ou par les tortures et les supplices simples ou composés.

La douleur physique, poussée au dernier période, provoque une espèce de rage qui n'est point l'hydrophobie, mais celle qu'on appelle *tétanos*. Dans le second tableau de Claëssens, la tête du même juge prévaricateur, lorsqu'étendu sur la table du supplice, des chirurgiens occupés à l'écorcher, lui ont déjà dépouillé un bras et lui entament la cuisse, fait voir la douleur physique portée au dernier période ou à l'état de *tétanos*. On entend les cris du malheureux; on frissonne d'horreur, et on ressent le mal trop aigu qu'il éprouve. Ces deux tableaux peints en 1498, pour l'hôtel de ville de Bruges, sont des chefs-d'œuvre de l'art ; mais on ne peut les voir sans éprouver un malaise général.

Comme un modèle noble et parfait à imiter de la douleur physique, je proposerai la belle tête de *Laocoon*. Le sculpteur Rhodien auquel on est redevable de ce chef-d'œuvre, a exprimé avec bien de l'art le mariage d'un sentiment douloureux avec la douleur physique ; c'est ce que j'appelle *douleur composée*. On observera que les têtes des enfans de Laocoon expriment la *douleur physique simple* dont parle Le Brun.

On a dit : il est nécessaire que le peintre, le sculpteur ou le dessinateur suivent les criminels à l'échafaud, et qu'ils fréquentent les hôpitaux s'ils veulent exceller dans l'art de rendre les expressions sur la toile, sur le papier ou avec le marbre. Je dis, cela peut être utile, mais cela n'est pas d'une nécessité absolue. Le peintre ou le sculpteur trouvera dans la société toutes les expressions qu'il voudra consulter pour son travail, sans avoir besoin de suivre les criminels au supplice et les moribonds dans les hôpitaux, parce que dans la circonstance il ne suffit pas d'être simplement imitateur ; c'est l'application des formes de la nature au beau idéal qu'il conviendra de faire, et ceci sera l'opération du sentiment, par conséquent du génie. D'ailleurs, que l'on suive les criminels au supplice, ou que l'on se rende dans les hôpitaux, il ne se présentera jamais que deux expressions qui ne varieront qu'en raison du tempérament de l'individu. Si le jugement de l'homme condamné que l'on conduit au supplice est juste, son expression sera celle de la *douleur inquiète ;* parce qu'il éprouve, en avance, la peur du mal ; il n'éprouvera pas d'autre sentiment parce qu'il a la conviction de ce qu'il a fait ; si par une circonstance, heureusement peu ordinaire, son jugement est injuste, fort de sa conscience, il sera calme, et son expression sera celle de l'*indignation inquiète.* A l'instant du supplice, suivant le genre de torture qu'on lui fait éprouver, le criminel n'aura plus qu'une expression, celle de la douleur physique poussée à l'excès ; horreur qui se voyait plus fréquemment dans les temps d'ignorance. (*Voyez encore une fois les deux tableaux de Claëssens.*)

C'est aussi la même expression que le peintre verra

dans l'hôpital au moment d'une opération quelconque, et s'il voit le malade avant, il apercevra sur son visage l'inquiétude douloureuse du mal qu'il va éprouver. Comme on le voit, les deux sujets dont je viens de parler, placés différemment, se trouvent cependant, à peu de chose près, dans la même position, soit qu'on supplicie l'un, ou que l'on fasse à l'autre une amputation dangereuse. Ces différentes situations de l'état de l'ame et de l'état physique, se trouvent également dans l'intérieur des sociétés particulières, parce que l'homme est partout le même.

Michel-Ange a excellé dans l'art de rendre les passions de l'ame ; il a sculpté en marbre, pour le cardinal de Saint-Denis, un groupe représentant Jésus-Christ détaché de la croix et soutenu sur les genoux de Marie : on en admire les poses et les expressions : il a été placé dans une chapelle de l'église Saint-Pierre de Rome : depuis, cette chapelle a reçu le nom de *Notre-Dame de Pitié*. Le corps de Jésus-Christ est d'une grande perfection ; l'art du statuaire et la science anatomique s'y montrent au plus haut degré. L'expression de la douleur de Marie est attendrissante et parfaite ; mais la tête est si belle, qu'on fit reproche à Michel-Ange de l'avoir représentée trop jeune pour avoir un fils de trente-trois ans. « Cette mère, répondit » Michel-Ange, fut une Vierge, et vous savez que la » chasteté de l'ame conserve la fraîcheur des traits. » Il est même probable que le ciel, pour rendre témoi-» gnage de la céleste pureté de Marie, permit qu'elle » conservât le doux éclat de la jeunesse ; tandis que,

» pour marquer que le Sauveur s'était réellement
» soumis à toutes les misères humaines, il ne fallait
» pas que la divinité nous dérobât rien de ce qui
» appartient à l'homme. C'est pour cela que la Vierge
» est plus jeune que son âge, et que je laisse au Sau-
» veur toutes les marques du sien (1) ».

---

(1) Voyez page 32, l'ouvrage de Condivi, élève de Michel-Ange, imprimé sous les yeux du maître, et publié à Rome, en 1553. J'ai vu chez M. Dejoux, sculpteur, membre de l'Institut, un superbe dessin de ce groupe, de la main même de Michel-Ange.

CHAPITRE X.

Comme je l'ai observé dans les chapitres précédens, le coloris a sa *poétique* aussi bien que son *expression*; et, en parlant du clair-obscur, j'ai fait remarquer que cette qualité essentielle de l'art de peindre avait été méconnue des peintres grecs. Winckelmann, trop enthousiaste des productions de l'antiquité, établit, comme maxime générale, que la manière de peindre des anciens était plus susceptible de parvenir à un haut degré de vie et à une grande vérité de carnation, que celle des modernes; parce que, dit-il, toutes les couleurs à l'huile perdent de leur fraîcheur et de leur éclat. Cette proposition du savant antiquaire, s'il s'agissait d'envisager la question sous le point de vue historique, mériterait un développement particulier; je m'arrête seulement à cette partie de l'art qui constitue ce qu'on appelle *art pratique*; et je dis: que les Grecs aient peint à la colle, à l'eau d'œuf, à la fresque, ou à la cire, je ne pense pas qu'ils aient jamais atteint la perfection du coloris, et la beauté du maniement du pinceau des Raphaël, des Titien, des Corrège, des Paul Véronèse, ou des Rubens.

L'emploi de l'huile, dans l'art de peindre, a l'avantage sur les autres procédés, de rendre la couleur plus malléable et plus susceptible d'être travaillée ; je veux dire qu'elle se prête plus que les autres au mariage d'un ton avec un autre ton, ce qui constitue le *clair-obscur*. Elle a aussi l'avantage de présenter assez de solidité pour permettre au peintre de revenir sur son ouvrage autant qu'il le veut, et quand il lui plaît.

Le goût de la peinture se renouvela en Italie vers le dixième siècle. Les Italiens modernes attirèrent dans leurs villes des peintres grecs, dont tout le mérite se bornait à faire de simples camaïeux ; car l'art du *clair-obscur* était encore ignoré, partie essentielle du coloris, qui constitue la beauté de la peinture, et détermine l'illusion.

Peu de temps après cette première restauration de la peinture en Italie par les peintres Grecs, parut *Cimabué*, que l'on peut considérer comme le fondateur de l'art de peindre chez les peuples modernes. Le génie s'élève de lui-même, il perce la nue, et surmonte tous les obstacles : ainsi parut le talent de Cimabué au milieu des désastres d'une guerre civile, celle des *Guelfes* et des *Gibelins*. Né en 1240, ses parens le destinaient aux sciences, lorsqu'il abandonna tout à coup ses maîtres pour suivre un penchant naturel qui le portait vers l'étude du dessin. Il apprit son art de deux peintres grecs, et ses professeurs, quoiqu'inhabiles dans l'art du coloris, lui donnèrent néanmoins les élémens du beau, qu'ils tenaient d'autres peintres également grecs.

On ne remarque point dans les tableaux de Ci-

mabué, cette entente harmonieuse dans la distribution des couleurs. Il n'avait nulle idée de la perspective linéaire et aërienne, par conséquent il n'avait
aucune connaissance du *clair-obscur*; mais ces défauts
sont rachetés par des beautés du premier ordre. Les
peintures de Cimabué ne présentent à l'œil qu'un dessin aride, sans goût et sans grâce ; mais un style
sévère et majestueux s'y fait remarquer. Le coloris
de ses peintures est froid, plat, et les contours se
détachent sur un fond bleu, vert, jaune, ou sur un
fond d'or, suivant l'effet qu'il voulait produire ; cette
manière de peindre donne l'idée la plus exacte des
peintures grecques. On a vu pendant plusieurs années,
au Musée du Louvre, un grand tableau de Cimabué ;
il a peint aussi sur verre et à la fresque ; il mourut
en 1310, après avoir pratiqué l'architecture avec
succès.

Comme je l'ai fait remarquer dans mon premier chapitre sur le *clair-obscur*, la peinture des anciens n'était
que d'une seule teinte, et les figures étaient formées
par des lignes d'une seule couleur, le *rouge brun*, le
cinabre ou le *minium*. Au lieu du rouge, ils employaient
quelquefois le *blanc*, et les historiens s'accordent à dire
que Xeuxis peignait des Camaïeux en blanc (1). D'après
cela, je suis autorisé à croire que ce que l'on raconte

______

(1) Ce qu'on appelle *camayeu* est une peinture d'une seule
couleur. On appelle aussi *camayeux*, les crayons qui sont d'une
seule couleur, soit rouge ou noire. La peinture en camayeu est
celle que Pline appelle *monochrome*.

de Xeuxis, n'est qu'une amplification des historiens. Ce peintre, disent-ils, avait représenté *un jeune homme qui portait une corbeille remplie de raisins*, si bien faits, que les oiseaux, trompés par la ressemblance très-naturelle du fruit, vinrent le becqueter. Ce conte me rappelle celui que l'on débite sur Michel-Ange, que l'on accuse d'avoir poignardé un modèle vivant, d'après lequel il peignait un Christ, afin de mieux saisir l'expression d'un homme expirant d'une mort violente. On conçoit facilement, même sans explication, que l'affaiblissement naturel et l'état convulsif des muscles d'un sujet que l'on fait mourir de cette manière, ne convient nullement à l'expression de Jésus-Christ mourant dont les souffrances impassibles doivent être exprimées par le sentiment noble de la résignation, et non par l'expression d'une douleur aiguë et humaine. Donc, Michel-Ange n'a point commis le meurtre dont on l'accuse, tel passionné qu'il ait pu être pour son sujet. La vie des peintres fourmille de mensonges de la nature de ceux-ci; ils sont abondans dans les ouvrages italiens. Je reprends l'examen des passions de l'ame.

§. I. — L'Admiration.

L'*admiration* naît de la vue et de l'ouie. Ce sentiment est provoqué par la vue d'une chose extraordinaire, par le récit d'une action quelconque, par l'audition d'un morceau de poésie ou de littérature, ou par la mélodie du chant ou des instrumens.

L'*admiration* est plus ou moins animée; elle se gradue suivant la circonstance, et en raison du motif qui agit sur celui qu'elle maîtrise.

Charles Le Brun divise l'*admiration* en deux genres; savoir : l'*admiration simple*, et l'*admiration composée* ou avec *étonnement*. « L'*admiration simple*, dit-il, ne » causant que peu d'agitation, n'altère aussi que très- » peu les parties du visage; cependant le sourcil s'élève » et l'œil s'ouvre un peu plus qu'à l'ordinaire; la pru- » nelle, placée également entre les paupières, paraît » fixée vers l'objet; la bouche s'entr'ouvre et ne forme » pas de changement marqué dans les joues. Les mou- » vemens qui accompagnent l'*admiration* avec *éton-* » *nement*, ne sont différens de ceux de l'*admiration* » *simple* qu'en ce qu'ils sont plus vifs et plus marqués; » les sourcils plus élevés, les yeux plus ouverts, la » prunelle plus éloignée de la paupière inférieure et » plus fixe, la bouche plus ouverte, et toutes les parties » dans une tension beaucoup plus sensible ». La tête que Le Brun donne comme un modèle de l'*admiration*, n'est pas à l'abri du reproche; j'ajouterai qu'en géné- ral, dans ses dessins, il a suivi trop à la lettre la méthode qu'il indique et pas assez la nature : cependant la tête de la fille de Darius, qu'il a peint dans le tableau connu sous le nom de *famille de Darius*, est fort belle; étonnée de la conduite généreuse d'Alexandre, cette princesse vaincue par l'*admiration complète* est immobile et comme stupéfaite.

Je ne partage point l'avis de Charles Le Brun, quand il divise l'*admiration* et la marie, en quelque sorte, avec l'*étonnement*, parce que l'étonnement n'est point l'admiration, et qu'en général les passions de l'ame sont simples dans le principe; et si elles se combinent avec un autre sentiment que celui qui lui est propre, ce n'est jamais qu'accidentellement. D'ailleurs, les passions ne se manifestent extérieurement que sous une forme simple; c'est-à-dire, qu'elles montrent seulement le caractère du principe qui les fait agir.

Ainsi, un peintre ou un statuaire qui voudrait rendre deux expressions à la fois sur le même visage s'égarerait nécessairement; nous n'en avons pas d'exemple chez les anciens, et ils étaient très-scrupuleux observateurs de la nature. Il n'y a aucun doute que deux sentimens peuvent agir en même temps sur l'ame d'un individu; mais ils n'agiront que séparément et ne se montreront que successivement à l'extérieur, et jamais à la fois. Cependant Rubens dans le tableau de l'*accouchement de Marie de Médicis*, qui est au Musée du Roi, a exprimé deux sentimens sur le visage de la reine : la *douleur* mélée de *joie;* aussi cette tête est-elle considérée comme un chef-d'œuvre de l'art. Néanmoins, je dois observer que, dans la position où se trouve Médicis, son ame n'éprouve plus qu'un sentiment, celui de la joie qu'elle ressent de voir un prince son premier né. La douleur qui a précédé d'un instant la joie, n'était que physique; et dans cette position l'ame n'agissant pas, elle a dû disparaître entièrement et ne se manifester en aucune manière sur le visage de la reine : c'est un trait de génie de la part du peintre, qui ne se trouve que dans ce bel ouvrage.

§. II. — LA VÉNÉRATION.

La *vénération* parfaite, née de l'*admiration* et de l'*estime*, est un sentiment doux qui appartient à la tranquillité de l'ame, que procure la confiance que l'on a dans la divinité que l'on adore. La *vénération* est donc un hommage que l'on doit à Dieu et non pas à l'homme.

« La *vénération*, dit Charles Le Brun, fait incliner
» le visage, abaisser les sourcils ; les yeux sont presque
» fermés et fixés ; la bouche fermée. Les mouvemens
» sont doux, et ne produisent que peu de changemens
» dans les autres parties ».

La tête de *saint Jean* dans le célèbre tableau de la *Cène*, par Léonard de Vinci, présente un modèle parfait de la vénération ; son attitude abandonnée est aussi remarquable que l'expression de son visage. Jésus-Christ, à la volonté duquel il se livre tout entier, pour lui n'est plus homme, c'est Dieu.

Le tableau de la *Cène*, de Léonard de Vinci, a fait époque dans l'histoire des arts du quinzième siècle ; peint à la fresque dans le couvent des Dominicains de Milan, il a 31 pieds 4 pouces de large sur 15 pieds 8 pouces de hauteur. La composition de ce grand ouvrage est simple, noble et calme, quoique tout le monde y soit en mouvement ; elle est animée par la vivacité de la chaleur des expressions. Jésus-Christ, placé au milieu de ses disciples, comme un père avec ses enfans, est figuré au moment où il leur dit ces paroles remarquables : *En vérité, je vous le dis, l'un de vous doit me trahir.* A ce mot chacun s'agite, se regarde, et cherche dans les yeux des assistans à deviner le coupable. La beauté des caractères, la pureté du dessin, et principalement la vérité du dialogue qui s'établit dans chaque groupe, que l'on peut considérer comme un tribunal où le traître est jugé d'avance, ont fait la grande réputation du plus bel ouvrage de Léonard.

Léonard laissa long temps la tête de Judas incertaine, et la place sans être couverte ; il n'avait pas encore trouvé dans la *canaille de Milan*, comme il le disait, un *visage de scélérat* qui satisfasse son idée. Mais, comme les bons pères du couvent, dans le réfectoire duquel il peignait le tableau par ordre du duc Lodovic, se trouvaient fort incommodés de la présence du peintre pendant qu'ils prenaient leur repas, ils commencèrent par le tracasser pour le faire déguerpir, puis ils allèrent se plaindre au duc de la négligence que Léonard mettait à terminer son ouvrage. Il répondit au duc qui lui en faisait des reproches, que depuis long-temps il cherchait infructueusement un modèle propre à peindre Judas ; mais qu'il l'avait trouvé, et que le tableau ne resterait pas long-temps sans être terminé. Il retourne à son travail et fait le portrait du supérieur des Dominicains, qui était laid, et dont la physionomie convenait au sujet.

François I.er, roi de France, frappé d'admiration à la vue du tableau de Léonard, voulut le faire transporter à Paris ; mais comme on ne connaissait pas encore le procédé d'enlever une peinture et la reposer sur un autre corps que celui sur lequel elle a été faite; qu'on ne trouva, après beaucoup de recherches, aucun moyen pour maintenir et faire voyager un pan de muraille aussi considérable, le tableau resta en place, où il périt par suite de l'ineptie des moines et la négligence que l'on mit à sa conservation.

Le tableau était dans son éclat, lorsque François I.er le vit. Jean-Paul Lomazzo, peintre et littérateur, né à Milan en 1538, dans son *Traité de la Peinture* (en italien), dit qu'en 1560, les couleurs avaient tellement disparu, qu'on ne pouvait plus admirer que le dessin. En 1652, les Pères Dominicains eurent la barbarie, j'oserai dire l'impudence, d'y mettre le marteau et de faire couper les jambes de Jésus-Christ et des Apôtres placés auprès de lui, pour agrandir la porte du réfectoire. Les plus belles peintures de Raphaël furent abimées, en 1527, par les troupes du connétable de Bourbon, qui campaient dans le Vatican. Voilà donc le sort des monumens des arts! On ne saurait trop signaler de semblables désastres pour en éloigner, autant que possible les répétitions, qui déjà se sont trop multipliées.

Il y avait en France deux belles copies de la *Cène*, de Léonard de Vinci : une, à Saint-Germain-l'Auxerrois, que l'on suppose avoir été envoyée à Paris en 1517, et une, que le connétable Anne de Montmorency fit faire en 1510, pour orner son château d'Ecouen. On ignore où sont passés ces deux ouvrages. En Italie, on compte plus de quarante copies de ce tableau, faites par les plus grands maîtres ; on en voit aussi une à Munich, que l'on attribue à Nicolas Poussin.

§. III. — Du Ravissement.

Le *ravissement* n'est point une passion, mais un sentiment qui a beaucoup d'affinité avec l'*extase* : c'est un état de bonheur et de béatitude qui naît de l'extrême plaisir que l'on ressent, soit à la vue d'une chose qui plaît, soit à l'audition d'une lecture ou d'un discours qui intéresse les affections du cœur. Le *ravissement* procure des sensations si délicieuses et si voluptueuses, qu'elles tiennent de l'évanouissement. Certaines femmes, et notamment les religieuses, provoquent l'extase par des parfums ou par l'odeur des fleurs qu'elles répandent dans leurs cellules. Les Musulmans font usage de l'opium.

« Dans le *ravissement*, dit Charles Lebrun, la tête » se penche du côté gauche ; les sourcils et la prunelle » s'élèvent directement ; la bouche s'entr'ouvre, et » les deux côtés sont aussi peu élevés. Les autres par- » ties de la face restent dans leur état naturel. » Le Brun, en affectant spécialement le *côté gauche* dans l'attitude qu'il donne à la tête d'un individu qui serait dans le ravissement, est dans l'erreur. Je ne vois pas pourquoi elle pencherait plutôt à gauche qu'à droite ; elle sera toujours tournée vers l'objet qui causera l'admiration. La tête qu'il a dessinée comme modèle du *ravissement*, est froide et insignifiante.

Pour présenter aux étudians des modèles plus parfaits que celui de Le Brun, j'indiquerai la belle tête de *sainte Agnès, recevant la palme du martyre,* par Dominiquin; celle de *saint Etienne mourant, dans l'extase de la béatitude que Dieu lui destine, après le supplice,* par Jules Romain; la tête de *sainte Catherine,* de Raphaël. Les coins de la bouche de cette tête me paraissent trop rapprochés, ce qui lui ôte de la franchise et lui donne de l'affectation. Je n'oublierai pas non plus, dans le tableau d'*Ossian* de M. le chevalier Girodet, les ombres heureuses qui, armées de harpes dont elles font vibrer les cordes sous leurs doigts, s'élancent vers les cieux, où des plaisirs sans fin les attendent. Les têtes de ces femmes délicieuses sont belles, d'un dessin pur; elles sont aussi très-expressives.

Mais, comme modèle plus parfait encore du *ravissement,* je proposerai la *sainte Cécile* de Raphaël, dont le tableau a été vu au Musée de Paris. (M. Urbain Massard en a fait une belle gravure.)

La pose, l'attitude du corps, aussi bien que l'expression du visage de cette femme céleste, concourent à rendre parfait l'extase ou le ravissement qu'elle éprouve. On remarquera surtout que cette grande musicienne est vivement émue des accords mélodieux qu'une troupe d'anges, assis sur des nuages, fait entendre inopinément. La jeune vierge tourne ses beaux yeux vers les voix qui frappent ses oreilles; et, passant, pour ainsi dire, de la *vie humaine* à la *vie divine,* elle n'est plus de ce monde, et l'instrument qui charmait ses loisirs tombe de ses mains.

Ce tableau est un chef-d'œuvre d'expression, car Raphaël a peint d'une manière sensible l'abnégation que tout chrétien doit faire des plaisirs de ce monde , s'il veut obtenir la félicité éternelle. Cette vérité morale est d'autant mieux rendue, que Raphaël a mis dans les mains de sainte Cécile un orgue portatif, et que, pour exprimer complètement l'abandon qu'elle fait des plaisirs terrestres pour se livrer à des sensations plus douces et plus durables, il a figuré plusieurs tuyaux de l'instrument qui se détachent des cases dans lesquelles ils étaient retenus. Enfin, c'est un vrai modèle de la contemplation : voilà le sublime !

Je pourrais parler de la *sainte Cécile*, par Dominiquin, qui offre la même expression, et dont les doigts délicats cessent de faire résonner les cordes d'une basse de viole qu'elle tient dans ses mains; mais, malgré les perfections de ce tableau, ce bel ouvrage s'évanouit auprès de celui de Raphaël.

Là se borne l'examen des passions de l'ame, dont l'imitation, dans l'art de peindre, est le fait du génie et de l'observation; mais cette imitation veut être naturelle et mesurée : trop de force éloigne la beauté. En parlant des productions de l'ancien style des Grecs, Winckelman a dit: «Le dessin en était » énergique, mais dur; il était fier, mais sans grâce; » enfin, la force de l'expression y altérait la beauté » de l'ensemble ».

(190)

Les Grecs voulaient trouver l'expression vraie,
dans la peinture comme dans la poésie : ils portaient si loin le goût de la vérité dans les arts d'i-
mitation, que dans la représentation de leurs pièces
de théâtre, ils exigeaient que les acteurs portassent
des masques, qui, non-seulement soient en rapport
avec le physique du personnage mis en action,
mais encore aient l'expression convenable à son caractère. Suivant Horace (*de Art.* v. 277), Eschyle,
le créateur de la tragédie et du théâtre chez les
Grecs, passe pour être le premier qui donna des
masques scéniques à ses acteurs. On ajoute qu'il les
faisait fabriquer sous ses yeux par un nommé Her-
mon, d'où on les appela *Hermoneia*, pour en diriger les caractères qu'il voulait faire correspondre
avec ceux des personnages qu'il mettait en scène.

DE LA COMPOSITION DANS L'ART DE PEINDRE.

L'abbé Dubos admet deux genres de compositions
dans l'art de peindre : la *composition poétique* et la
composition pittoresque. Quant au pittoresque, dit-il,
il faut avouer que, dans les monumens qui nous
restent, les peintres de l'antiquité, loin de paraître supérieurs, ne sont pas même égaux à Raphaël, à Rubens, à Paul Vèronèse, à Charles Le Brun, en supposant que les anciens n'aient rien fait de mieux dans
ce genre que les bas-reliefs, les médailles, etc.

Si la division que fait l'abbé Dubos de la *composition*

dans l'art de peindre, présente à l'esprit quelque chose d'exact, il serait néanmoins dangereux de réduire sa proposition en principe, puisqu'on ne peut en faire l'application que dans des ouvrages modernes.

Les peintres grecs ne reconnaissaient d'autre composition dans l'art de peindre que la *poétique*, et ils n'étaient pas encore parvenus à ce point de connaissance, dans la dégradation de la lumière et dans le coloris, qui permet de faire les deux distinctions dont il s'agit. D'ailleurs, je classe les deux distinctions dont parle l'abbé Dubos, dans la partie de l'art que j'appelle *invention*. La nature était la seule règle des anciens, et ils faisaient consister la composition d'un sujet historique ou familier dans l'unité de la scène, dans la situation des personnages qu'ils mettaient en action, ainsi que dans la vérité des expressions, dans la précision des attitudes et des gestes; de manière qu'ils dessinaient la pantomime et exprimaient le dialogue du sujet qu'ils peignaient, aussi bien qu'on pourrait le faire sur un théâtre. Léonard de Vinci, Raphaël et Poussin, qui les ont imités, se font remarquer par la sagesse et la poétique de leurs savantes compositions. Une peinture qui imitera la nature dans toutes ses parties, sera toujours poétique et pittoresque; car la véritable poésie, en peinture, consiste à n'admettre, dans la composition d'un tableau, que ce qui convient au sujet traité. Tout ce qui, dans une scène représentée en peinture comme en poésie, est étranger à l'action, nuit et l'embarrasse.

§. Ier. — Comme modèle de *composition poétique*
à suivre dans l'art de peindre, j'indiquerai aux étudians le bel ouvrage que Raphaël, encore jeune, peignit au Vatican : il est connu sous le nom d'*École d'A-
thènes.* On sait qu'en représentant dans cette composition
les philosophes de tous les âges et de toutes les sectes,
réunis dans un même lieu et sous un même coup d'œil,
le but de Raphaël a été d'offrir le tableau complet de la
Philosophie ancienne... Une galerie immense, divisée
en trois portiques, ornée de pilastres et de statues, se
présente d'abord à l'œil : c'est là que Raphaël a réuni
les illustres savans de l'antiquité. Déjà on a une idée
de ce qui se passe ; c'est l'exposition de la scène entière ; par cela seul elle intéresse. Tels étaient les temples, les palais et les portiques, que les anciens consa-
crèrent aux Muses sous le nom de *Musée.* Non-seulement les musées d'Alexandrie (1), d'Athènes et de
Rome renfermaient des tableaux, des statues et des
rouleaux écrits ou dessinés, mais c'était le lieu où
s'assemblaient les savans, les poètes, les philosophes
et les artistes de toutes les classes, pour y disserter

----

(1) Plutarque attribue l'invention de ce *musée* à Ptolémée :
Ptolemæus, qui primus viros doctos in Museum convocavit; et
ce fut ce même Ptolémée Philadelphe, amateur des arts et des
lettres, qui s'appliqua pendant son règne à en étendre l'empire
en Egypte. Au rapport de Suétone, l'empereur Claude ajouta à
l'ancien musée un nouvel établissement, auquel il donna son
nom : *quarum causâ veteri Alexandriæ Museo additum ex ip-
sius nomine.*

sur les sciences, les lettres et les arts. Nous pouvons donc considérer l'*Ecole d'Athènes*, de Raphaël, comme la peinture de l'un des portiques célèbres dont nous venons de parler.

Platon et Aristote, posés debout dans le fond du tableau, président l'assemblée d'un seul geste et d'un seul regard. Le nombre des hommes les plus célèbres de l'antiquité et de la renaissance des lettres et des arts dans les temps modernes, et que Raphaël a réunis sous le portique d'Athènes, est considérable : tout est à sa place, tout est soumis, tout est tranquille ; chaque personnage est occupé et remplit son rôle. Les groupes, dessinés avec ordre, font voir Alexandre à la droite de Solon, et, sur la même ligne, Socrate qui converse avec Alcibiade. Sur un plan plus bas, on voit Horace, Aspasie, Terpandre, Ampédocle, Pythagore et Epictète. Diogène, fort ingénieusement placé isolément et loin des philosophes, est représenté assis sur les marches du portique. D'autres groupes se distinguent par leur attitude et leurs costumes : ce sont les hommes qui se sont distingués dans le quinzième siècle, tels que Bembo ; Bramante, architecte du Vatican, remplissant les fonctions d'Archimède ; Jean de la Case, conversant avec Zoroastre ; le duc de Mantoue et Raphaël lui-même, avec Pérugin son maître. Voilà ce que présente la composition la plus parfaite qui ait jamais paru en peinture.

§. II. — « *La composition pittoresque d'un tableau*, continue l'abbé Dubos, est un arrangement ingénieux de figures inventées pour rendre l'action qu'il représente plus touchante et plus vraisemblable : elle demande que tous les personnages soient liés par une action principale ; car un tableau peut contenir plusieurs incidens, à condition que toutes les actions particulières se réunissent à une action principale, et qu'elles ne fassent toutes qu'un seul et même sujet. Ces règles de la peinture sont autant ennemies de la duplicité d'action que celles de la poésie dramatique ». Si la peinture peut avoir des épisodes comme la poésie, il faut dans les tableaux, comme dans les ouvrages dramatiques, qu'ils soient liés avec le sujet et que l'unité d'action soit conservée dans l'ouvrage du peintre comme dans celui du poète. C'est ce que j'ai déjà fait remarquer ; c'est là ce qui fait la perfection du tableau de l'*Ecole d'Athènes* de Raphaël. Il y a unité d'action dans l'ensemble du sujet ; il y a accord parfait dans chaque groupe, soit qu'on l'envisage dans son rapport avec les autres, ou isolément ; il y a, enfin, harmonie dans l'attitude comme dans le geste de chaque individu, si l'on considère son aspect particulier avec celui que présente l'ensemble de la composition.

Les peintres de l'antiquité ne sacrifièrent jamais au genre de *composition* appelée *pittoresque*, que l'on sait n'être qu'une distribution calculée des figures que le peintre fait concourir à l'ensemble de son tableau. J'ajouterai que cette distribution est plutôt le résultat d'une méthode admise, que celui du sentiment. Telles sont les compositions de Guerchin, de Cortone, de Solimène, de Carle Marate, de Charles Le Brun, et,

en général, des peintres modernes : j'en excepte celles
de Nicolas Poussin, et de quelques autres peintres plus
modernes encore, dont les productions font honneur
à l'École française.

Le genre de composition qu'on appelle pittoresque
ne s'est introduit dans l'art de peindre, et n'a pris
de la consistance, qu'à cause de la grande difficulté
que présentait l'imitation des savans ouvrages de
Léonard de Vinci, de Michel-Ange et de Raphaël;
et, comme on ne pouvait pas arriver à cette perfection, tels efforts qu'on ait pu faire, on a supposé que ce résultat extraordinaire consistait dans
une doctrine d'école, tandis qu'il était le fruit du
génie, de l'observation et du sentiment. On a donc
eu recours à une doctrine nouvelle. L'école des Car-
raches est la première qui se soit écartée de la route
de l'enseignement ancien. Si on veut analyser la
manière de composer dont je parle, on sera bientôt convaincu qu'elle n'est qu'un mode écrit que
l'on apprend, et je vais le prouver par sa définition.

Lorsqu'un peintre, je parle de ceux qui suivent
la doctrine dont il est question, a choisi dans l'histoire ou dans la vie privée des hommes, le sujet
qu'il veut peindre, sans penser à la position des
personnages qu'il aura à mettre en scène, selon les
convenances morales et locales; et sans consulter la
nature pour le placement des groupes, pour la pose,
le geste et l'expression, il dessinera le groupe principal dans le centre du tableau, de manière à ce qu'il

reçoive, sur lui seul, la totalité de la lumière. Néanmoins, quoique cette manière de faire s'éloigne du
beau idéal, des bonnes traditions et de l'imitation
de la nature, il ne faudrait pas la rejeter entièrement si elle présente quelque avantage, mais on
doit s'en servir avec sobriété. Il faut y mettre de l'art,
et *cacher l'art par l'art même*. Il y a sans doute beaucoup d'art dans la composition de l'école d'Athènes;
mais il ne paraît pas. On remarque une telle aisance dans la disposition des groupes, une telle simplicité dans les attitudes des individus mis en action,
ils sont si bien à leur place, que le tableau n'est
plus une peinture et que l'on voit réellement une
assemblée de personnages, où chacun parle de ce
qui l'intéresse.

On observera encore dans l'espèce de tableau dont
je fais la critique, que l'usage du peintre est d'en-
tourer son groupe principal de figures nécessaires ou
inutiles à l'action, peu lui importe; elles sont là
pour soutenir la lumière du centre; elles seront dans la
demi-teinte ou ombrées, et ne seront éclairées
que par des reflets ou par des éclats de la lumière
principale. Voilà ce qu'on entend, dans le langage
pittoresque, par le mot *papillotage*. C'est ainsi qu'un
peintre, élevé par des maîtres imbus de cette doctrine, sans penser aux positions naturelles et aux
effets produits par la lumière du jour, se livrera
aux écarts de son imagination, négligera les accessoires de son tableau, pour attirer exclusivement l'œil
du spectateur sur le principal personnage qu'il aura

peint; on remarquera aussi que les attitudes des
figures du second ordre seront disposées de telle sorte
que les bras et les jambes produiront des contrastes
et auront des mouvemens opposés à ceux des figures
principales, de manière à ne jamais présenter une
ligne parallèle, ou un mouvement de tête semblable.
Les fonds du tableau seront totalement sacrifiés, et
le peintre ne négligera pas de placer sur le devant
des figures indépendantes de l'action; elles seront
debout, assises ou accroupies, pour servir de ce qu'on
appelle *repoussoir*.

Je crois avoir suffisamment prouvé que l'on peut
considérer la composition que l'on appelle *pittoresque*
dans l'art de peindre, comme romanesque et men-
songère, ou comme un produit de l'adresse du peintre;
ce n'est qu'un calcul de l'esprit, imaginé pour produire de l'effet aux dépens de la vérité, du sentiment, de l'expression, et de toutes les parties qui
constituent essentiellement le beau. — Sans le beau,
il n'y a point de perfection dans l'art de peindre;
comme il n'y a point de composition, en peinture,
si on néglige de prendre la nature pour modèle.

Dans l'espèce de composition dont je viens de
parler, on ne comprendra pas celle dite *arabesque,*
qui a un caractère particulier dont les élémens sont
puisés dans la nature, mais dont les résultats sont
uniquement dus à l'imagination.

Le genre arabesque est une espèce de peinture
libre, fort agréable. Il plaît, délasse la vue, et décore
parfaitement les salons et les boudoirs. On a pensé

que cette espèce de composition fantastique nous
venait des Maures et des Arabes, dont elle a conservé le nom.

L'invasion des Maures en Espagne, dit-on, a fait
connaître aux Espagnols non-seulement l'emploi des
arabesques dans les décorations intérieures et extérieures, mais encore un genre d'architecture qu'ils
ne connaissaient pas avant l'arrivée d'Hakem, roi
des Arabes Maures, qui bâtit la mosquée de Cor-
doue, vers l'an 792 de notre ère. On a dit que l'invention des *arabesques* est due à un passage du
Koran, qui défend la représentation des sujets vivans; et que les Arabes, fidèles observateurs des
lois de Mahomet, voulant orner l'intérieur de leurs
habitations, imaginèrent d'y peindre des plantes, des
feuillages, et même des fleurs, dont les dessins variés
et réunis dans un seul cadre formaient un ensemble
de choses très-pittoresque et agréable à l'œil. Que
conclure de tout ceci quand les Grecs, si parfaits
dans les productions du dessin, et après eux les Romains, connaissaient cette manière de décorer, et
quand on voit l'arabesque employé par eux comme
l'ornement principal des meubles, des vases, des
autels, et même des bâtimens, comme le prouvent
les bas-reliefs, les tombeaux, les chambres sépul-
crales et les tableaux peints sur les murs, ainsi
que les découvertes qui se sont faites à Herculanum et à Pompeïa? Il est de fait que l'on voit des
arabesques sur les monumens les plus anciens de
l'Inde, de la Perse, de la Chine, et qu'il s'en trouve

aussi parmi les décorations intérieures des Egyptiens;
et, si, comme le dit Diodore de Sicile, Sémiramis
fit peindre des figures d'*animaux* sur le pont qu'elle
fit bâtir à Babylone, il y a tout lieu de croire que
ces animaux, accompagnés de plantes ou de fleurs,
(car il ne parle point de figures humaines) formaient
un ensemble que l'on pourrait considérer comme le
commencement de la peinture arabesque; cependant
nous restons dans l'incertitude sur l'origine des *arabesques.*

Les peintures antiques *arabesques*, pour la plupart peu finies et grossièrement exécutées, ne sont
pas sans intérêt par leur composition; l'abbé de Saint-
Non, dans son *Voyage de Naples et de Sicile*, en a
donné des dessins qui mettent à même de les juger.
Le genre libre, et en quelque sorte fantastique, n'admet il est vrai aucun raisonnement, aucune vérité dans
l'ensemble; mais il ajoute à beaucoup de grâce, la
légèreté, la délicatesse et l'élégance dans les détails.
Les Bains de Titus, de Livie et de la maison d'Hadrien,
dessinés et gravés par M. le chevalier Ponce, montrent
le goût le plus exquis et l'art le mieux exercé dans
ce genre de composition.

On sait que du temps de Tibère, plusieurs peintres
souillèrent leurs pinceaux en alliant à leurs compositions arabesques les sujets les plus obscènes, qui
n'étaient qu'une faible représentation des attitudes
indécentes que ce prince prenait publiquement dans
son palais de l'île de Caprée. C'est là que Tibère,
abandonné à toutes espèces de débauches, lançait

des arrêts de mort et frappait d'infamie les meilleurs citoyens. D'après un passage de Suétone, mal interprété, sans doute, on a fixé à Rome l'invention, ou plutôt l'introduction du genre *arabesque* au temps de Néron, et l'auteur ajoute que cette peinture fut pour les arts du dessin un commencement de décadence.

Dans des temps plus modernes, Raphaël, sous le pontificat du grand Léon, n'a pas dédaigné de renouveler cette espèce de décoration; et les belles *peintures arabesques*, dont il a orné le Vatican, sont la preuve de l'heureux emploi que l'homme de génie peut en faire. Non-seulement Raphaël, pour l'exécution de ses tableaux, a mis à contribution les plantes les plus légères, les fleurs les plus belles, mais il a habilement prouvé que la mythologie pouvait être savamment traitée par les peintres d'*arabesques*, parce que les modèles qu'il nous a fournis sont des ouvrages devenus classiques dans ce genre de peinture.

En effet, la Fable, cette science antique, le symbole écrit du monde supérieur, ou des cieux, ne saurait être mieux adaptée qu'à un genre de peinture aussi agréable. D'abord, on voit Vénus voguant sur les eaux; là, c'est l'Amour s'élançant dans les airs, rivalisant d'un vol rapide la colombe qui l'accompagne. Ailleurs, c'est le dieu Neptune, peint avec une longue barbe verte, et armé de son trident. Le dieu, mollement couché sur une conque marine, entouré d'un cortége de naïades et de tritons, commande aux aquilons furieux, et maintient les flots de la mer dans le calme le plus parfait.

Dans un autre cadre, je vois un pâtre, debout auprès de son troupeau et à l'ombre d'un palmier; il accorde sa lyre à la douceur de sa voix. A ces formes coulantes et surhumaines, qui ne reconnaîtra pas le dieu du Jour dans les plaines de Thessalie, chargé de la garde des moutons d'Admète? Voilà en abrégé ce que représentent les nombreuses peintures de Raphaël; c'est ainsi que l'imagination des poètes, mise en action par un art charmant, devient doublement utile.

Avant d'examiner particulièrement les Ecoles anciennes et modernes, je dirai un mot du *maniement du pinceau.*

Du Maniement du Pinceau.

Le *maniement du pinceau* est l'art de poser les couleurs sur la toile, de les fondre, de les nuancer et de les amalgamer en remuant le pinceau dans le sens des muscles, pour les carnations, et en suivant la forme des plis, pour l'exécution des draperies.

La *touche* est lourde, légère, ou spirituelle; elle fait partie de ce que j'appelle *maniement du pinceau.*

Il y a plusieurs manières de peindre. On peint par *empâtement,* par *hachures* et par *glacis.* On peut peindre aussi par *plans* ou par *touche,* genre de peinture, qui, de près, ressemble à une mosaïque : cette manière de peindre produit beaucoup d'effet, lorsque le tableau est placé à la distance convenable, et à son point de vue.

Toutes les manières de peindre sont bonnes, lorsque le peintre parvient à imiter la nature, et qu'il arrive à l'illusion complète. Cependant, la manière de peindre la plus universellement adoptée, est celle que j'appelle par *empâtement*, et dont les couleurs sont ensuite fondues et passées les unes dans les autres.

La peinture par *hachures* est la plus expéditive; elle était généralement employée pour la fresque, parce qu'elle s'opère, à peu de chose près, comme un dessin ombré qui serait fait au crayon. On peut aussi produire beaucoup d'effet en peignant à l'huile par hachures; mais le peintre conserve difficilement la fraîcheur ou la pureté des couleurs par l'usage de ce procédé, qui est plus expéditif que les autres. Pour en donner un exemple, je rapporterai ce que l'on raconte de Luc Jordaens, qui avoit adopté cette manière de peindre. Il avait son laboratoire dans la maison de son père, chez lequel il prenait ses repas. Un jour qu'il était à peindre, pour une église, un sujet du nouveau Testament, son père l'appelle pour dîner; il répondit : *Un instant, je n'ai plus que les douze apôtres à peindre.*

Les peintres vénitiens et flamands ont généralement peint par *glacis*. Pour peindre par glacis, on commence par empâter fortement le tableau dans les lumières comme dans les ombres, en maintenant le coloris des lumières comme celui des ombres dans un ton beaucoup plus clair que celui auquel on veut parvenir. On revient ensuite sur cette préparation avec des couleurs légères délayées avec de l'huile, en frottant ou en passant légèrement le pinceau. Pour avoir une idée parfaite de cette manière de peindre, il sera bon de consulter les tableaux de Titien, de Paul Véronèse, de Rubens, de Van Dick, et, en général, de tous les peintres vénitiens et flamands.

Le défi qui eut lieu entre Apelles et Protogènes, au sujet d'une simple *ligne* tirée au pinceau par le premier dans l'atelier de l'autre, en son absence, suffirait pour prouver que les peintres grecs, à cette époque, n'avaient pas encore perfectionné l'art du *maniement du pinceau*. Apelles, ayant abordé à Rhodes, voulut voir Protogènes, célèbre peintre contemporain, qu'il ne connaissait que de réputation. Il ne le trouva point; mais, ayant aperçu dans son atelier un grand panneau disposé pour être peint, il voulut s'annoncer en conduisant, avec de la couleur, une *ligne* d'une extrême ténuité. Ce trait le fit effectivement reconnaître, et excita l'émulation de Protogènes, qui en conduisit un encore plus délié, avec une autre couleur. Apelles revint; et, honteux de se voir surpassé, il refendit les deux lignes avec une troisième couleur, ne laissant plus rien à faire à la subtilité; aussi Protogènes s'avoua-t-il vaincu.

La *ligne* d'Apelles fit long-temps l'admiration de l'antiquité. Tout frivole que peut paraître ce fait, racouté par Pline, car il annonce avoir vu le panneau qui fut consumé dans l'incendie du palais de César, n'en est pas moins précieux, puisqu'il est un point de lumière sur l'histoire de l'art au temps d'Apelles. On pourrait en conclure que les Grecs faisaient beaucoup de cas de la finesse du pinceau, et que leurs peintures étaient extrêmement soignées, comme le sont celles des peintres modernes des douzième et treizième siècles.

On remarquera que la peinture a dégénéré quand cette partie de l'art, c'est-à-dire le *maniement du pinceau*, est devenue plus séduisante; elle est d'autant plus dangereuse, qu'elle ne semble briller qu'aux dépens des autres qualités; cependant, il ne faudrait pas la négliger entièrement, surtout dans les ouvrages qui doivent être exposés près de l'œil.

La manière de peindre par *touches* consiste à poser les tons à plat sur la toile, à côté les uns des autres, sans les fondre ni les mélanger.

CHAPITRE XI.

Dès qu'il y eut des peintres dans les villes grecques de l'Europe et dans les villes grecques de l'Asie, on remarqua une si grande différence entre leurs ouvrages, que cela fit diviser la peinture en deux genres : l'Helladique et l'Asiatique : c'est ainsi que Pline l'explique, livre 35, chapitre 10.

Ce fut vers le commencement du seizième siècle que l'on distingua, en Europe, différentes écoles de peinture, et on les divisa d'abord de cette manière, savoir : en École Italienne, et en École Française. Dans la suite, l'École Italienne fut elle-même divisée en plusieurs classes ainsi désignées : École Romaine, École Florentine, École Vénitienne, École Lombarde. On divisa aussi l'École Flamande en Écoles Flamande, Allemande et Hollandaise. L'École Française seule demeura sans subdivision.

Pour fondateur, l'école romaine eut Raphaël ; l'école florentine regarde Michel-Ange comme son premier maître ; l'école vénitienne reconnut, dans Titien et Georgion, les premiers introducteurs de l'art du coloris et du clair-obscur. L'école lombarde doit sa naissance à Corrège. Les écoles allemande, flamande et hollandaise considèrent Albert-Durer,

Hubert et Jean Van-Eyck, et Holbern pour leurs premiers fondateurs. Telle est la division des écoles modernes. Je ne m'étendrai pas sur chacune en particulier,
j'examinerai seulement l'école française qui, plus
que toutes les autres, a des droits à notre intérêt. Ce
que j'ai dit jusqu'à présent des autres écoles, et ce que
je pourrai en dire encore, sera suffisant pour faire
connaître les différentes manières de peindre qu'on
leur doit, et pour faire apprécier le mérite de leurs
fondateurs.

Mais, avant d'entretenir mes lecteurs de Corrége
et des génies du Nord, fondateurs des écoles allemande, flamande et hollandaise, un sentiment d'admiration sera encore pour le beau génie d'Urbin, dont
l'aisance et les grâces dans l'art de composer, de
placer une figure et de l'ajuster, n'ont jamais été
imitées, et auquel on est redevable des plus beaux
ouvrages du Vatican, ainsi que des talens supérieurs
qui lui ont succédé. C'est à juste titre qu'il est considéré comme le fondateur de l'école romaine, quoique les hommes les plus habiles l'aient devancé dans
l'art de peindre et de composer des tableaux. Parmi
les nombreux ouvrages du Vatican, Raphaël a peint
les Six Heures du Jour et *les Six Heures de la Nuit*,
dans lesquelles on remarque un naturel et une intelligence singulière dans la conception des sujets comme
dans l'attitude des figures. Les tableaux peints à la
fresque, dans la salle à manger du palais, sont le résultat de l'*imagination* et de la *mémoire* en exercice;
car on conçoit que, sans le souvenir des formes que le

peintre avait préalablement étudiées d'après un modèle vivant, il n'aurait pas pu les composer, les dessiner ou les peindre. Je vais les décrire, parce qu'ils ne sont pas suffisamment connus.

Ces douze figures aériennes, dont la composition ingénieuse et savante relève encore la grâce, la simplicité et la correction de leurs contours, Raphaël a voulu les caractériser suivant le rapport des heures qu'elles désignent avec la science astrologique qui, de son temps, avait du crédit parmi les hommes instruits.

La première heure du jour représente l'*Aurore;* elle lève un flambeau, ce qui est très-significatif : son sein est rempli de fleurs qui viennent de s'épanouir à sa bienfaisante lumière. Les Grecs donnaient le nom d'*Hemera* à l'aurore et au jour. — La seconde heure indique le moment où le soleil vient de s'élancer au milieu du ciel. Il est à remarquer que son disque n'a pas encore acquis la force et la beauté qu'il aura plus tard. — La troisième heure, figurée avec un encensoir à la main, pourrait bien exprimer l'instant de la prière; car c'est ainsi que le premier chant des oiseaux est un hommage rendu au Créateur. Elle est aussi l'image des parfums que la terre exhale aux premiers rayons du soleil. — La suivante, plus simplement composée que les autres, fait voir dans les mains d'une nymphe un cadran solaire dont le *style* indique la quatrième heure. — La cinquième, l'une des plus grâcieuses, présente au monde le soleil dans toute sa force; et pour rappeler aux hommes que le dieu du jour ou

Apollon est le dieu de la médecine, Raphaël lui a mis des herbes médicinales dans la main. — La sixième heure exprime que le soleil commence à descendre : ainsi elle annonce le soir, ce qui est indiqué par la chauve-souris qu'elle tient d'une main; les herbes qu'elle tient de l'autre peuvent avoir la même signification que dans le tableau précédent.

La première heure de la nuit est désignée par des pavots et l'oiseau nocturne, c'est-à-dire la chouette, que les anciens avaient consacrée à Minerve comme un symbole de l'application et de l'étude. La planète de Mars paraît dans le ciel. — La deuxième heure de la nuit est désignée par une nymphe tenant un sablier renversé, pour exprimer que la première heure est passée. — La nymphe qui représente la troisième heure est couverte d'un grand voile. Le symbole des ténèbres, l'écureuil que le peintre a placé dans son sein est l'image du travail de la nuit, parce que ce petit animal n'interrompt jamais ses occupations. Saturne, placé au haut du ciel, le couvre de sa faible lumière. — Au-dessous de la planète de Vénus qui protége les amans et les conversations amoureuses, on voit une nymphe que l'on prendrait pour Vénus elle-même, sans le vêtement qui couvre ses charmes. La présence du hibou qu'elle tient, indique assez le silence qui règne dans la nature à la quatrième heure de la nuit. — La charmante Pasiphaé, l'épouse fidèle de Morphée, dieu du sommeil, caractérise ici la cinquième heure de la nuit. Que de grâces, que de beautés aimables dans cette figure ! Je dis *aimables*, parce que je les distingue de celles qui se trouvent réunies dans les ouvrages de Michel-Ange. Elle voltige et s'insinue dans les réduits les plus cachés ; ce qui est exprimé par les ailes de *papillon de nuit* que lui a donnés le peintre. Elle verse sur toute la nature une liqueur soporifique, et l'endort en reversant son urne. — Serait-ce les amours de la nuit que Raphaël aurait exprimés ici par le cygne de Léda qu'il a mis dans les bras d'une nymphe pour mieux peindre la sixième heure ? La planète de Mercure semblerait l'indiquer, parce qu'elle rappelle les services que ce dieu rendit à Jupiter pour tromper Alcmène.

Les vignettes ou frises peintes au bas de chaque tableau sont allégoriques, et ont rapport aux saisons. En général, il est impossible de voir des figures mieux dessinées, plus grâcieuses et plus ingénieusement composées : il y a de l'*esprit*, de l'*imagination* et de la *mémoire* : voyez ce que j'ai dit sur la nécessité de posséder ces différentes qualités pour arriver à la perfection dans l'art de peindre.

§. I. — L'École Lombarde, comme je l'ai dit, doit sa naissance à Corrège, que l'on a surnommé le *peintre des grâces ;* il passe pour le maître le plus habile dans l'art du *clair-obscur.* Un dessin coulant et moelleux, dirigé par l'étude de la nature ; un coloris vrai, extrêmement fondu et employé avec une délicatesse et une légèreté singulières, formaient les principales qualités du grand talent de Corrège, qui eut beaucoup d'imitateurs sans avoir jamais été égalé. Que citera-

t-on pour la perfection du *clair-obscur*, après les tableaux de *Jupiter et Anthiope*, et la *sainte famille*,
connue sous le nom de *saint Jérôme*, qui sont au
Musée du Roi? c'est la perfection même.

Quoi qu'il en soit, Corrège n'a eu d'autre idée de
ce qu'on appelle *grâce* dans les arts du dessin que
celle du monde. Je veux dire qu'il la faisait consister
souvent dans des mouvemens arrondis aux dépens des
lois de la pondération et des connaissances anatomi-
ques. Il ne connût jamais la simplicité : né dans la
médiocrité, il eut cependant toutes les manières d'un
homme de cour. Ainsi, la grâce de Corrège, semblable
à la minauderie d'une coquette, ne sera que l'*afféterie*
ou le faux semblant de la vérité. Il s'agit ici de ses
ouvrages seulement.

La grâce n'a lieu dans un sujet ou dans un objet
quelconque, comme je l'ai fait remarquer, que par la
perfection qui existe dans chaque partie dont se compose le corps ou l'objet qui les réunit, et que par
une combinaison parfaite et harmonieuse entre les
parties et le corps. Comme Corrège ne remplit pas
complétement les conditions voulues par la nature,
je dis : Corrège a une sorte de grâce à lui, qui n'est
pas celle que les statuaires Grecs nous présentent dans
la *Vénus*, dans l'*Apollon* ou dans la *Diane*, ce qui
cependant est la seule et véritable grâce. Taillasson,
dans son *Abrégé des peintres*, en parlant de Corrège,
s'exprime ainsi : *Il est incorrect, et peut-être serait-il
permis de dire que son incorrection même est quelquefois
une beauté, puisqu'elle est une des causes de ses grâces.*

Comment un professeur, membre de l'Académie de peinture, a-t-il osé imprimer une telle hérésie ! A peine est-il permis de parler de ce qu'on connaît bien, il faut se taire sur ce que l'on n'a jamais connu.

Je l'ai dit et le redis encore, la *coquetterie* dans les arts du dessin comme dans les lettres dégénère en *afféterie*.

> On sait qu'elle est charmante ; et de si belles mains
> Semblent vous demander l'empire des humains.

A dit Racine dans Bérénice ; voilà de l'afféterie en poésie. Les œuvres de Dorat sont un chef-d'œuvre de coquetterie et d'afféterie. En peinture, Guide est d'une fadeur qui fatigue et déplaît : l'*afféterie* qui règne dans les attitudes comme dans les gestes des personnages qu'il a peints, n'est pas supportable. Le peintre Albane, élève de Denis Calvart, a traité les sujets gracieux sans saisir précisément le trait qui exprime la *grâce* et la *beauté* ; il excellait dans l'art de peindre les enfans, et c'est avec raison que l'on préfère les tableaux d'enfans par Albane, à ceux de Raphaël et de Michel-Ange. Sa *danse des Amours* que l'on a vue à la Malmaison, qui a été si parfaitement dessinée par M. Dutertre, inspire une gaîté noble par la grâce et la gentillesse des mouvemens que font les amours qui dansent en rond autour d'un arbre. On admire la pureté du dessin, la vérité des expressions et le précieux de la touche. Albane disait : *la nature, dont le peintre est imitateur, est très-fine ; et l'on n'y voit point de touche ni de manière.* Il a fait lui-même le portrait de son talent, par cette phrase.

Boucher, avec une prétention extrême à la *coquetterie,* n'a produit dans ses ouvrages qu'une mauvaise caricature de l'afféterie.

> Depuis cinq ans entiers chaque jour je la vois,
> Et crois toujours la voir pour la première fois.

C'est ainsi que Racine s'exprime dans la même pièce et dans la même scène ; ici, quoique les expressions choisies soient aussi douces et aussi arrondies que celles des vers précédens, c'est le sentiment qui parle. Guide, dans ses productions pittoresques, a quelquefois des formes aussi coulantes et aussi pures que le sont celles de Raphaël ; mais elles ne charment point, parce qu'elles n'ont pas ce caractère, ce *je ne sais quoi* qui appartient au génie et au sentiment de Raphaël. Les expressions de Guide sont le produit de l'esprit, je veux dire qu'elles sont raisonnées et non pas naturelles. Enfin, Corrège n'a point cette grâce qui appartient exclusivement à labeauté. *Les vraies grâces existent dans elles-mêmes, et n'empruntent aucun éclat extérieur.*

De tous les peintres des temps modernes dont j'ai examiné les ouvrages, Primatice, dans les scènes qu'il a représentées, me paraît être celui qui a le mieux placé une tête sur les épaules ; il a su lui donner un mouvement aisé et digne qui caractérise la noblesse sans afféterie. Aucun peintre n'a mieux posé un bras et une main de femme avec la souplesse et le moelleux qui désignent la perfection. C'est ce qu'on remarque particulièrement dans les productions de ce grand-maître, qui décorent le beau château de Fontaine-bleau (1).

§. II. — Les deux frères Hubert et Jean Van-Dyck, se firent remarquer par leurs beaux ouvrages, dans un temps où l'art de peindre était encore dans l'enfance. Ils vivaient dans un accord parfait, et travaillaient en commun au même tableau. Le premier tableau sorti des mains de Hubert et Jean Van-Dyck, est le *Triomphe de l'Agneau*, qu'ils firent pour l'église de Saint-Jean, de Gand. Il fut trouvé si beau que le roi d'Espagne en fit faire une répétition. Ce chef-d'œuvre a été vu au Musée de Paris.

Après la mort de Hubert, Jean se retira à Bruges; ce fut là qu'en composant des vernis pour son usage, il fit la découverte de la peinture à l'huile. Cette manière nouvelle d'amalgamer les couleurs fut bientôt

____

(1) Ces chefs-d'œuvre de l'art se détériorent chaque jour; ils ont été peints à la fresque, et il est pénible de dire que des malveillans ont rayé les plus belles têtes avec un instrument tranchant. On pourrait peut-être conserver ce qui en reste, en passant dessus de la cire blanche bien épurée et liquéfiée avec de l'huile de pétrole. C'est une idée que je soumets aux chimistes. Si le procédé que j'indique réussissait, je pense qu'on pourrait restaurer les parties les plus défectueuses par le même moyen, puisque ces peintures formeraient une espèce d'encaustique.

reconnue comme la meilleure, et elle fit abandonner toutes celles qui l'avaient précédée. La peinture à la fresque fut toujours préférée pour les grands travaux, et l'on en fit usage long-temps après la découverte de la peinture à l'huile. Le principal caractère du talent de Jean Van-Dyck, connu sous le nom de *Jean de Bruges*, est l'éclat et la beauté du coloris, et surtout la fraîcheur des teintes, qui se sont conservées sans avoir éprouvé aucune altération.

Quand j'ai dit que les peintres de l'antiquité n'avaient aucune connaissance de l'art du clair-obscur, je n'ignorais pas que Plutarque, en parlant d'Apollodore d'Athènes, a dit qu'il fut le premier qui sût donner à ses tableaux le mérite du clair-obscur ; que Pline dit expressément que de son temps aucun tableau des maîtres antérieurs n'a pu fixer l'attention des connaisseurs, et que Quintilien en a dit autant. Mais, comme le principal mérite de la peinture consiste dans la parfaite ressemblance de l'imitation avec l'objet imité, je l'ai dit et je le répète : l'art du clair-obscur n'a pu être perfectionné que dans les temps modernes ; c'est-à-dire, du moment ou l'on a fait la découverte de la peinture à l'huile, parce que la façon des anciens ne favorisait pas ce genre de perfection.

L'Ecole flamande, dès son origine, a été célèbre par une grande intelligence dans l'art du coloris, par un pinceau moëlleux, par un travail extrêmement soigné et fini sans sécheresse ; mais on lui reproche de ne pas avoir toujours gardé les convenances historiques, de ne pas faire un meilleur choix de la nature, et enfin d'imiter trop servilement ce que les objets réels peuvent avoir de défectueux.

Les ouvrages des premiers artistes flamands, éloignés du *beau idéal*, ou de cette pureté dans les formes et de cette sévérité dans la conception, que l'on admire dans les productions des Michel-Ange, des Léonard de Vinci, des Raphaël et des Poussin, sont finis avec une patience incroyable, sans avoir les principales qualités que l'on exige dans ce qu'on appelle *genre historique*. En peinture, je veux l'inverse de la leçon que Roscomon (*Essay on poët.*) donne aux poètes : *Composez avec feu et exécutez de sang froid*. Le reproche que je fais à l'école flamande peut s'appliquer à l'école allemande.

§. III. — L'école allemande s'est attachée à une représentation fidèle et servile de la nature, telle qu'elle se présente, même avec ses défauts, et sans un choix de ce qu'elle a de parfait. Albert Durer, né en 1471, destiné à l'orfévrerie, s'adonna d'abord à la gravure et publia ses premiers ouvrages en 1504. Du moins, l'*Adoration des Rois*, *Adam et Eve*, *Jésus en croix*, et plusieurs autres pièces qu'il a successivement mises au jour datent de ce temps-là. Ce ne fut qu'après avoir acquis une grande réputation dans ce genre de travail, qu'il prit la palette et se mit à peindre. Il fit des tableaux qui eurent la plus grande célébrité, et en parlant d'Albert Durer, Vasari, dans son *entretien des peintres*, assure *que si cet homme rare avait eu la Toscane pour patrie, et qu'il eût eu la facilité de* puiser à Rome *le goût et la connaissance des monumens de l'antiquité, il aurait été le plus célèbre peintre de l'Italie.* Mais, servile imitateur des objets qu'il voyait dans son pays, il n'a jamais eu de goût, ni connu l'élégance et la grâce. Le coloris d'Albert Durer est beau, vrai et vigoureux.

Jean Holben, son ami, peut lui être comparé sous beaucoup de rapports. Comme Albert Durer, il n'a pas été en Italie ; et, comme lui, il ne sacrifia jamais aux grâces ; la parfaite imitation de la nature, qu'il copiait scrupuleusement, le rendit célèbre. Le premier tableau qu'il fit paraître fut la *danse des Morts*, qu'il peignit pour l'hôtel de ville de Basle sa patrie. On y voit sous plusieurs figures décharnées, des personnages de tous les âges et de toutes les conditions. Ce morceau, quoique bizarre et de mauvais goût, lui fit une grande réputation ; il a été singulièrement multiplié par les copies et la gravure. Holben excella particulièrement dans le portrait, son coloris est beau et vrai.

§. IV. — On remarque dans les ouvrages de l'école hollandaise, une grande intelligence du clair-obscur, un travail fini, un coloris agréable et vrai, une façon de peindre très-délicate, et enfin beaucoup d'art dans la représentation des paysages, des perspectives, des animaux, des fleurs, des fruits, et des sujets de nuit. Il serait trop long de faire ici l'énumération des peintres hollandais ; pour en apprécier le mérite, il suffira de se transporter au Musée du Roi, où l'on voit une belle suite de leurs tableaux. L'École hollandaise n'est qu'une fraction de l'École flamande : *Lucas de Leyde* en est le chef.

§. V. — Le Français se distingue des autres peuples par une aisance qui lui est naturelle, par la grâce et la facilité qu'il met dans tout ce qu'il entreprend. L'école française a eu pour fondateur Jean Cousin, dont il a été question dans les chapitres précédens. Cette école savante n'*a jamais eu de caractère particulier; elle tient de toutes les autres :* c'est-à-dire, si on en excepte la richesse de son ordonnance, la sagesse et le brillant de son invention, de sa composition, et un certain air de finesse répandu dans toutes ses productions, qui appartient à la vivacité de l'esprit national.

J'ai fait connaître le talent de Jean Cousin; j'ai décrit sa belle peinture du *Jugement dernier*, justement considérée comme le premier tableau de l'école française; revenir sur ce chef-d'œuvre serait tomber dans des redites fastidieuses et inutiles; j'ajouterai seulement que Jean Cousin, le plus habile peintre sur verre de son temps, a peint les vitres de l'église de Sens, celle de Saint-Gervais de Paris, et de la Sainte-Chapelle de Vincennes, dont on admire les savantes compositions, le *grandiose* du dessin et la richesse du coloris. Après lui, parurent Janet, Corneille de Lyon, et Martin Freminet qui a peint les plafonds de la chapelle de Fontainebleau et d'une pièce au premier étage.

Henri IV, entouré de factieux et sans cesse occupé de la guerre, montra néanmoins du goût pour les arts; il protégea et récompensa noblement les artistes qu'il se plut à loger dans son palais, auprès de sa personne. Le génie, l'architecture et la construction, selon ses calculs administratifs, méritaient la préférence sur les arts d'agrémens; en cela, le roi suivait les intentions de Sully, dont les conseils lui furent si précieux pour la direction des finances; et, si une main criminelle n'eût arrêté trop tôt le cours de sa vie, il aurait mis à exécution les projets que son architecte Androuët du Cerceau lui avait présentés pour les embellissemens de *sa bonne ville de Paris.*

Louis XIV, si remarquable par son amour pour les lettres et les arts, secondé dans ses vues par Colbert, surnommé depuis le *Mécène* de la France, institua des académies, éleva des manufactures, et répandit, avec une profusion digne de la majesté royale, des récompenses honorables et des pensions. Ce Roi institua *l'Académie de Peinture et de Sculpture* de Paris et de Rome, créa la *Manufacture des Gobelins*, où se fabriquent encore aujourd'hui les plus belles tapisseries de l'Europe; il en donna la direction à son premier peintre, et l'inspection générale à un peintre de son académie. Jamais, depuis cette fondation, l'on n'est contrevenu aux réglemens voulus par le Roi, qui, après les avoir approuvés, les fit remettre à son premier peintre Charles Le Brun, par son ministre Colbert. Louis XIII avait institué *l'Académie française;* Louis XIV institua celle des *Inscriptions et Belles-Lettres.*

Charles Le Brun, revêtu du titre de premier peintre du Roi, devint le maître absolu des artistes de son temps. Les peintres, les sculpteurs, les architectes comme les graveurs, s'attachèrent à la fortune de Le Brun, et, plus courtisans qu'artistes, on les vit s'abaisser jusqu'à faire le sacrifice de leur génie et de leurs moyens personnels, pour imiter les compositions du premier peintre. En parlant d'un courtisan, le Régent a dit : « C'est un homme *sans honneur et sans humeur* ». Cette suprématie fut tellement funeste aux progrès des arts, que les monumens publics de tous genres parurent à l'instant, sous la même physionomie; et, si l'on porte ses regards sur les peintures ou sur les sculptures du dix-septième siècle, on verra exclusivement le génie de Charles Le Brun, et jamais celui du peintre ou du sculpteur qui a exécuté le tableau ou la statue que l'on a devant les yeux.

On aura bientôt la conviction de cette vérité si on examine les peintures, les sculptures et les ornemens qui décorent le château de Versailles, dont l'exécution est due à plus de deux cents artistes dans des genres différens.

Je ne partage point l'opinion de ceux qui veulent trouver le même génie, le même goût, le même style et le même coloris dans l'ensemble, dans les accessoires, comme dans toutes les parties d'un château aussi considérable que l'est celui de Versailles. On conviendra, toute prévention à part, que cette uniformité va jusqu'a la satiété; il faut de l'accord, de l'harmonie, sans doute, mais ici c'est de la fadeur qui déplaît et provoque l'ennui. Disons, avec le bon La Fontaine, *diversité, c'est ma devise*, un palais ne doit pas porter un *uniforme*, encore moins une *livrée*.

La conception générale d'un palais quelconque, la désignation des places que doivent occuper les peintures, les sculptures ou tout autre ornement, cette distribution générale appartient nécessairement à l'architecte; mais, toutes les pièces décorées et coloriées de même, jusqu'au parc et aux statues qui auront la même allure, et seront composés, dessinés ou modelés par la même main, cela est fatigant à voir..... On aurait obtenu un effet plus certain et plus agréable, si, au lieu d'employer le même peintre pour concevoir et diriger la totalité des travaux, on eût donné à chacun des hommes les plus célèbres du temps, une salle ou une galerie à peindre et à décorer; l'art y aurait gagné autant que le goût aurait été satisfait. Alors, on aurait eu une galerie par Le Brun, un salon par Mignard, un autre par Le Sueur, puis d'autres par La Hyre, La Fosse, Michel Corneille, etc., etc. : ce qui aurait fait du château de Versailles un *museum* du dix-septième siècle, vraiment digne de la grandeur de Louis XIV. Espérons que de semblables erreurs ne se renouvelleront pas.

« La conduite orgueilleuse et despotique de Le Brun,
» avec les artistes ses contemporains, a dit Watelet,
» fut expiée par les mortifications qu'il éprouva sur la

» fin de sa vie, et que lui causa Mignard ». En effet, Louvois, qui avait succédé à Colbert dans la surintendance des bâtimens, affecta de produire Mignard auprès du Roi, par cela seul que Colbert avait été le protecteur zélé de Le Brun. Ce ministre engagea Louis XIV à confier à Mignard le soin de peindre ce qu'on appelle *la petite galerie de Versailles*. Le Roi avait trop de goût pour ne pas apprécier les ouvrages de Mignard; mais Le Brun était son premier peintre et de son choix; malgré la cabale de Louvois, il faisait à Le Brun un accueil marqué, et se plaisait toujours à lui adresser les choses les plus obligeantes sur ses nouvelles productions. Un jour qu'il était dans la grande galerie, où se trouvait le Roi, jetant un coup-d'œil sur le plafond qu'il avait peint, il dit, assez haut pour être entendu, que les beaux tableaux semblaient devenir plus admirables après la mort de leur auteur. *Quoi qu'on en dise*, lui dit Louis XIV avec bonté, en allant à lui, *ne vous pressez pas de mourir, je vous estime à présent autant que pourra faire la postérité.*

Avant d'aller plus loin, je dirai un mot du talent de Mignard, que je mettrai en parallèle avec celui de Le Brun.

Mignard avait pris Dominiquin pour modèle. Sa manière de peindre a singulièrement de rapport avec celle du grand peintre; elle est empâtée et solide; son coloris, sans être selon les principes de l'art, est bon, et, dans sa simplicité, il présente beaucoup de naturel. Mignard, comme Dominiquin, excellait dans les expressions. On voit, au Musée du Roi, un tableau de sa main, représentant un *Portement de Croix*, dans lequel on admire la tête de Jésus-Christ. Ce tableau, que je propose aux étudians comme un modèle à suivre, est bien composé ; il est d'un effet nèt et sage, le clair-obscur y est bien entendu. On a placé au-dessus le portrait en pied du même peintre ; il est figuré assis, la palette à la main et devant son chevalet. Ce portrait est un ouvrage de remarque comme tout ce que Mignard a produit quand il n'est pas tombé dans l'afféterie ou dans la *mignardise*.

Mignard, par ordre de Louis XIV, a copié, pour le Château des Tuileries, la Galerie du palais Farnèse, peinte par Annibal Carrache ; il a peint aussi les plafonds de Saint-Cloud. Molière (1) a célébré, en vers, le grand ouvrage qu'il a peint à fresque au Val-de-Grâce.

Près de là, on voit deux tableaux de Charles Le Brun, représentant *Jésus portant sa croix*, et *Jésus entrant dans Jérusalem*. Ces deux tableaux, placés en face de celui de Mignard, servent singulièrement la comparaison que l'on peut faire du talent des deux premiers peintres de Louis XIV. Ils sont composés symétriquement ; c'est-à-dire, à la manière de Le Brun. On y remarque une prétention singulière à l'esprit, et point de vérité. Le coloris est faux et dénué d'har-

____

(1) Il a peint plus d'une fois le portrait du grand poëte. Je possède l'étude qu'il a faite d'après Molière lui-même ; elle lui a servi pour tous les portraits qu'il en a faits.

monie ; cependant, il y a des expressions parfaites, bien dessinées et bien peintes.

Malgré les parties savantes que l'on accorde à Charles Le Brun, dans l'art de la peinture, on verra dans ses compositions des combinaisons plus spirituelles qu'énergiques, des figures méthodiquement placées pour en former des groupes pittoresques. On est frappé de la multitude des personnages qui remplissent l'espace sans une nécessité absolue. On y voit souvent des attitudes académiques et de convention. Le Brun a donc cherché une méthode tout à fait en opposition avec celle de Poussin. Il a voulu frapper les yeux par de grands mouvemens et par des épisodes prétentieux et souvent inutiles ; sans penser que, dans un tableau d'histoire, toutes les figures dont il se compose doivent concourir au même but et avoir entre elles un rapport commun, celui de l'action. Cependant, je dirai à l'avantage de Le Brun, qu'il s'est quelquefois surpassé lui-même par des expressions parfaitement senties : on admire celles du tableau de *la Clémence d'Alexandre*, qu'il fit pour le Roi ; ainsi que celles de *la Mort de saint Étienne*, qu'il a peint pour l'église Notre-Dame.

§. VI.—Je l'ai dit et je le répète : l'*imagination* est le résultat de la contraction coïncidente de plusieurs organes mis en mouvement par les objets qui frappent nos sens. Elle établit en nous un feu qui s'exhale au dehors et se communique facilement lorsqu'elle trouve un point de contact. On se rappellera

que ce n'est qu'après avoir vu la tête du Père éternel de la chapelle Sixtine, par Michel-Ange, que
Raphaël, frappé du caractère surhumain et de la majesté divine de cette tête, fit *Dieu débrouillant le
chaos.*

Poussin, avant de peindre, observait les hommes
de toutes les classes de la société; il écoutait leurs
discours, examinait leurs gestes, et, rentré dans son
atelier, il crayonnait de mémoire ce que la nature
lui avait appris. Dans cet état de choses, Poussin,
d'accord avec la nature, son esprit et son instruction, ne s'égarait jamais.

Raphaël a peint les mœurs des Juifs, et dessiné
les campagnes de la Judée, sans être jamais sorti
de Rome. Nous en avons un exemple dans les cartons représentant les actes des apôtres, qu'il a dessinés pour être exécutés en tapisseries; ainsi que dans
un tableau sur bois représentant *la Sainte Famille
fuyant en Egypte,* que l'on voyait dans la galerie
d'Orléans, où j'en ai fait une copie de la grandeur
de l'original. Le calme le plus parfait règne dans l'ensemble du tableau; il se compose des figures de la
Sainte-Vierge, de l'Enfant-Jésus et de saint Joseph.
Dans le lointain, on aperçoit une partie du Jour-
dain et quelques habitations de la Judée. Il a été fort
bien gravé par Larmessin.

Dans un de ses plus beaux ouvrages du Vatican,
Raphaël fait paraître deux génies non ailés, mais
armés, chassant Héliodore du temple de Jérusalem
dont il voulait enlever le trésor. C'est ici que l'on

admire le produit d'une imagination exaltée, mais
modifiée par la raison; car les deux êtres aëriens,
parfaitement beaux, et figurés dans une attitude énergique, arrivent inopinément sur le Prince avec la
rapidité de la foudre et comme deux fantômes ven-
geurs de son impiété. Ce qui caractérise le génie du
peintre, et ajoute à l'expression du tableau, c'est la
tranquillité qui règne dans le sanctuaire du temple,
où l'on voit le grand prêtre prosterné devant l'autel
du Dieu auquel il sacrifie : cependant, une espèce
de trouble agite les desservans du souverain Pon-
tife. Les autres personnages qui composent le groupe
des femmes et du Pape, ne peuvent être considérés
que comme épisodiques.

Le *saint Michel combattant le Démon*, du même
peintre, que l'on voit au musée du Roi, est remarquable par la simplicité de la pose et la beauté de
son visage. Raphaël s'est inspiré à la vue de l'Apollon du Belvédère, qui est figuré rayonnant de gloire
au printemps de sa vie, et chassant sans efforts les
mauvais génies; il a peint saint Michel beau comme
le jour, terrassant d'un geste le monstre qui est à
ses pieds. Il y a du génie dans la conception générale du sujet, et de l'imagination seulement dans l'invention du démon que l'archange terrasse et qu'il perce
de sa lance; car il ne faudrait pas faire consister le
génie dans l'invention des choses imaginaires, parce
que, dans ce système, il y aurait plus de génie dans nos
romans modernes que dans les tragédies de Corneille
et de Racine. Michel-Ange est aussi simple, aussi

grand et aussi sublime que Raphaël dans sa composition du tableau de *Ganimède enlevé par l'aigle de Jupiter*. Il a peint Ganimède, dont la beauté étonnait l'univers, dans un espace immense, c'est-à-dire, au-dessus du plateau de l'Ida où il était en chasse. On le voit dans les airs, fortement serré par un aigle formidable, tandis que son chien, seul dans la plaine, suit son maître des yeux, et le pleure : il hurle, et c'est en vain : car, selon Homère, Jupiter fit enlever ce beau jeune homme, pour donner aux cieux un ornement dont la terre n'était pas digne. Il y a du génie dans l'expression du chien, comme dans son isolement ; Michel-Ange en a fait la figure la plus intéressante du tableau. Nous avons un exemple semblable dans la conception simple, mais sentimentale du *Convoi du Pauvre*, dont on a admiré le tableau au dernier salon. Un malheureux est conduit au cimetière du Père la Chaise : pour tout cortége, il n'a que son chien qui, la tête baissée, le suit tristement. Voilà l'expression de la nature, voilà le génie ! Maintenant, voyons, en peinture, le produit du raisonnement dégagé des secours qui lui seraient étrangers ; à ce peu de mots, on aperçoit qu'il va être question des ouvrages de Nicolas Poussin.

Qu'il est admirable, le grand homme, dans la composition du tableau d'*Eudamidas au lit de mort, dictant ses dernières volontés !* Ce bel ouvrage est simple dans son invention, sublime dans ses détails. Le général lacédémonien est étendu sur son lit ; il lègue sa mère et sa fille à ses amis ; ce sont-là ses trésors.

Le scribe, placé d'un côté du lit, enregistre les dernières volontés du héros ; tandis que le médecin, debout au côté opposé, la main droite sur le cœur du
malade, calcule froidement les instans qu'il a encore à vivre. La femme d'Eudamidas, assise aux pieds
de son mari, pénétrée de la douleur la plus profonde, paraît réfléchir sur l'événement qui se passe ;
elle a cette sensibilité froide, le partage ordinaire
de la vieillesse, et le caractère austère d'un personnage accoutumé aux vicissitudes qui nous accablent
dans le voyage de la vie ; tandis que sa fille, placée au
bout du lit de son père, s'abandonne aux larmes,
au désespoir. Pour elle, son père mourant n'est plus ;
elle-même n'est plus de ce monde. Cependant, les
armes du général sont appendues au-dessus de lui ;
on voit encore sur son visage la vertu austère du
citoyen de Lacédémone et le mâle courage du vainqueur de Potidée. Ce chef-d'œuvre est perdu pour tout
le monde ; il a été englouti dans les flots de la mer
avec le voyageur qui le portait en Angleterre. L'équi-
page entier a péri.

Parmi les compositions d'une imagination ambi-
tieuse qui sont en nombre dans la suite des peintures du dix-septième siècle, je m'arrêterai un instant devant celles de Charles Le Brun, où l'on voit
Porus vaincu, que des soldats portent devant Alexandre
qui est à cheval et s'avance devant le roi. *Alexandre
n'est pas seulement touché de compassion en voyant la
grandeur d'âme du roi Porus qu'il a vaincu et fait son
prisonnier, mais il lui donne des marques honorables de*

son estime, en le recevant au nombre de ses amis, et en lui donnant ensuite un plus grand royaume que celui qu'il avait perdu. Voilà ce qu'on lit dans Quinte-Curce :

COMMENT VEUX-TU QUE JE TE TRAITES, lui demande Alexandre? EN ROI, lui répond Porus.

HÉ BIEN ! reprend le roi de Macédoine, RÉGNEZ TOUJOURS, PORUS, JE VOUS RENDS VOS ÉTATS.

Certes, dans la circonstance, la position du vainqueur et du vaincu est admirable; mais, comme ce qu'il y a de beau, de grand, de remarquable dans la conduite de Porus et d'Alexandre n'est que l'expression d'un sentiment tranquille qui s'exprime par un discours et non pas par une action : on reste froid devant le tableau de Le Brun; ce n'est pas là la belle scène de l'Entrevue de Pompée et de Sertorius, ni celle d'Auguste et de Cinna, par Corneille ! Le coloris de Le Brun est généralement rouge; son dessin rond et lourd, et son style sans énergie; enfin, il n'est qu'un peintre d'estime. D'après cela, je ne présenterai pas ses tableaux comme des modèles utiles à l'enseignement.

Il n'en est pas ainsi des ouvrages de Poussin; il observe les localités. Dans ses tableaux, il y a unité de lieu et d'action; il n'y a rien d'oiseux, tout est à sa place, chaque personnage tient le discours qu'il doit tenir; l'ame du spectateur, remuée par la vérité de l'expression et du geste, s'attache volontiers au sujet traité, et, après l'avoir quitté, elle jouit toujours des sensations qu'il lui a fait éprouver. O ! combien Poussin est pathétique dans son tableau de *l'Extrême-Onction !* Quelle connaissance profonde du cœur humain ! Quelles nuances délicates dans les expressions des différens âges qu'il fait paraître dans cette scène déchirante ! On y voit un père mourant, entouré de sa famille, recevant le dernier sacrement, celui qui nous réconcilie avec Dieu. Ses enfans, placés par époque d'âge autour de son lit, lui prodiguent les secours et les attentions de la piété filiale ; le fils de son fils encore à la mamelle, qu'on lui présente, dépose sur son front le baiser de l'innocence. Quelle opposition sublime et touchante ! L'enfant, à qui la mort est encore inconnue, sourit et caresse de ses petites mains le visage de son aïeul.

Poussin, si grand, si beau et si admirable dans ses compositions historiques, ne dédaignait pas de peindre le paysage ; il agrandit en quelque sorte la toile sur laquelle il trace des beautés champêtres ; second Orphée, il anime les arbres et les pierres. Dans l'un de ses paysages, on voit le cyclope Polyphème assis sur la sommité de l'Etna ; sa tête touche la voûte des cieux, et la grandeur de ses membres couvre la totalité de la montagne. Les airs retentissent des sons de sa flûte aux sept tuyaux. Dans la plaine, au pied du volcan, des nymphes forment des attitudes de danses par lesquelles elles se dessinent agréablement ; plusieurs d'entr'elles, éloignées de leurs compagnes, folâtrent sur le devant de la scène, et se désaltèrent au bord d'un ruisseau qui coule dans la prairie.

On a beaucoup loué, et avec raison, un de ses ta-

bleaux dont l'invention est digne de Tibulle; il dévoile
à la fois l'esprit, le sentiment et le génie; il est au
Musée du Roi. On y voit des bergers livrés à la joie
que le printemps inspire toujours à la jeunesse: formés
par groupes, ils dansent; et tandis que les plus animés
foulent l'herbe fleurie, les plus jeunes d'entr'eux, les
yeux fixés sur un tombeau fort simple qui s'élève au
milieu de la plaine, lisent et dissertent sur l'inscription
qui en fait l'ornement : ET IN ARCADIA EGO. *Je fus
aussi, dans mon temps, pasteur en Arcadie.*

Toujours philosophe et poète, Poussin avait l'art de
monter sa lyre à tous les tons; son tableau du *Déluge*
est la composition la mieux sentie, la mieux raisonnée
et la plus pathétique que l'on connaisse. Il avait donc
l'art de modérer son imagination, et de la diriger par
le raisonnement.

Cependant, on voit au Musée du Roi un tableau de
Le Brun, qui mérite d'être cité pour la fraîcheur du
coloris, pour l'expression des attitudes et la simplicité
de la composition. Ce tableau représente *Jésus-Christ
dans le désert, servi par les Anges;* il faisait l'ornement
du chœur des Dames Carmélites de la rue d'Enfer.

Le désert aride, dans lequel Jésus a jeûné pendant
quarante jours, est investi inopinément par une troupe
céleste légèrement vêtue. Les fleurs les plus agréables
naissent sous les pieds des anges, qui s'agenouillent
devant lui et se pressent pour le servir. Bientôt le
lieu sauvage est métamorphosé en jardin, dont le coloris frais et la variété des plantes inspirent à l'ame
une sorte de béatitude.

Jésus-Christ, assis sur le bord d'une roche couverte de mousse et de bruyères variées, est représenté dans l'état du calme parfait ; impassible comme la divinité, il éprouve cependant une douce émotion à la vue des serviteurs que son père lui envoie, et qui lui présentent des corbeilles chargées de fleurs et de fruits. Il lève les yeux vers le ciel, et reçoit les présens qui lui sont offerts, avec la dignité et la noblesse qui conviennent à son caractère. Sur le devant de la scène on aperçoit un petit oiseau occupé à becqueter des fleurs. Cet épisode charmant, que l'on peut considérer comme une *invention spirituelle*, est mis là pour exprimer la parfaite tranquillité qui règne dans ce lieu de bonheur ; c'est donc un modèle à imiter.

§. VII. — La prépondérance que Simon Vouët avait prise dans les arts du dessin, vers le commencement du *dix-septième siècle*, a dû préparer une décadence remarquable. Ce peintre, doué d'une imagination fougueuse, incapable de vaincre un sentiment d'impatience, qui, sans doute, lui était naturel, ne sut jamais se captiver assez pour rédiger les formes de son dessin, pour épurer son goût et régler sa manière de peindre d'après celle des grands maitres. Il introduisit dans son école un genre heurté, tellement facile et de convention, que les plus grands tableaux s'exécutaient au bout du pinceau, sans prendre la nature pour modèle. Ici, tout est le résultat de l'*imagination* et de la *mémoire*. Cette manière expéditive qui donne à la peinture de l'éclat, parce qu'elle est franche, plut généralement. Elle fut saisie avec d'autant plus d'enthousiasme par les élèves de Vouët, que la jeunesse est ardente à recevoir les impressions du maitre, qu'elle supprimait les études les plus sérieuses, et dépouillait l'art de ses difficultés ; d'ailleurs, on sait que Charles Le Brun, Eustache Le Sueur et Laurent de La Hyre n'abandonnèrent la manière de peindre de Vouët, que lorsqu'ils furent entièrement livrés à eux-mêmes.

La manière expéditive de Simon Vouët peut se comparer à celle de Luc Jordaens, auquel on fait dire ce qui suit pour l'exprimer ; on le suppose peignant Jésus-Christ au milieu de ses apôtres, au moment où son père l'appelait pour diner, il répondit : *Un instant, mon père, je n'ai plus que les douze apôtres à peindre.*

L'entier abandon de l'étude du *modèle vivant* et du *beau idéal* devint, en quelque sorte, une loi dans les arts du dessin ; et voilà comment s'oublièrent les premières leçons de Léonard de Vinci et de Jean Cousin. Poussin seul pouvait maintenir les arts dans leur premier état de perfection ; mais il fut repoussé.

Nicolas Poussin parut en France avec éclat, lorsque Corneille donnait à la scène française *Polyeucte, le Cid, les Horaces* et *Cinna.* Mignard, en peignant Molière, eut l'avantage d'attacher son nom à celui du grand homme. Poussin, a dit M. Lens, nous donne le modèle d'une simplicité et d'une sagesse qui charment l'amateur éclairé ; ses inventions n'ont rien de ce faste pittoresque qui n'en impose qu'à la vue : c'est celui de tous les peintres qui a été le plus pénétré de l'esprit et des maximes des anciens, par rapport à l'invention.

Il est encore admirable pour les fonds et les accessoires.

Poussin a long-temps raisonné et long-temps médité
ses sujets avant de les confier à la toile. « Nicolas
» Poussin, a dit Voltaire, dans son *Histoire du siècle*
» *de Louis XIV*, fut élève de son génie ; il se perfec-
» tionna à Rome. On l'appelle le peintre des gens
» d'esprit ; on pourrait aussi l'appeler celui des gens
» de goût. Il n'a d'autre défaut que celui d'avoir outré
» le sombre du coloris de l'école romaine. Il était dans
» son temps le plus grand peintre de l'Europe. Rap-
» pelé de Rome à Paris, il y céda à l'envie et aux
» cabales ; il se retira : Poussin retourna à Rome, où
» il vécut pauvre et content. C'est ce qui est arrivé à
» plus d'un artiste. Sa philosophie le mit au-dessus de
» sa fortune ».

Félibien, à qui l'on doit des détails sur la vie de
Poussin, en parlant de ses plus beaux ouvrages, cite,
entr'autres, le tableau de *Germanicus*, *la Prise de Jérusalem*, *la Peste des Philistins*, *Moïse sur les eaux*, *le
Frappement du rocher*, *la Mort de saint François Xavier*,
la Manne, et *les sept Sacremens* qu'il peignit deux fois
avec des changemens considérables ; cette suite intéressante peut être considérée comme un poëme dont chaque
chant serait un poëme séparé. Le tableau représentant
l'*Extrême-Onction* est le plus remarquable ; voyez ce
que j'en ai dit plus haut. Dans le chapitre suivant je
ferai connaître comment le grand homme quitta Paris
pour toujours.

CHAPITRE XII.

Le dix-septième siècle a vu naître deux peintres d'histoire, dignes de figurer auprès des plus grands maîtres : Nicolas Poussin et Eustache Le Sueur.

Si le célèbre Léonard de Vinci introduisit en France la pureté dans l'art du dessin ; si, par de savantes leçons, il porta dans nos écoles la connaissance du *beau*, celle de *l'anatomie*, et l'étude particulière des *expressions* de l'ame : si enfin, par ses savans écrits, Léonard perfectionna l'art de peindre dans un siècle où les principes de cet art étaient méconnus ; que d'hommages ne doit-on pas à sa mémoire ? Oh ! combien est grand le roi qui, profondément pénétré du rare mérite de l'artiste, daigne s'approcher de son lit de mort, et lui rendre les devoirs d'un ami !

La manière dont François I.er connut Léonard de Vinci est très-remarquable et mérite d'être rapportée. Léonard possédait toutes les sciences ; il était excellent mécanicien, comme on va le voir.

En 1515, après la bataille de Marignan, François I.er étant à Milan, entr'autres personnes de distinction qui se rendirent au lieu où se tenait le roi de France, pour lui faire sa cour, Léonard se présente devant lui avec un lion mécanique, fort bien imité, qui marchait sans aucune apparence extérieure de mouvement. Arrivé devant le roi, le lion s'avança jusqu'à ses pieds, se coucha, et ouvrit son sein, qui était rempli de tiges de lis parfaitement imitées. François I.er, tout surpris qu'il était, fut tellement ravi du talent, de l'esprit et de la galanterie de Léonard, qu'il l'attacha à sa personne et l'amena avec lui en France.

Léonard quitta l'Italie pour n'y rentrer jamais, vers la fin de janvier 1516 ; il avait 62 ans. François I.er lui donna le titre de *peintre du Roi*, avec une pension de *sept cents écus*, et la jouissance de son château royal désigné sous le nom de *Cloux*, situé à un quart de lieue d'Amboise, où il se retira : il y fit son testament le 18 avril 1518.

Honorer les arts, c'est s'honorer soi-même. Alexandre se rendait souvent dans l'atelier d'Apelles. Charles-Quint, se faisant peindre par Titien, ne dédaigna pas de ramasser un pinceau qui s'était échappé de sa main ; sans la mort prématurée de Raphaël, il aurait été fait cardinal ; Rubens et Van-Dyck furent chargés, par leur cour, de missions diplomatiques auprès de l'Angleterre. L'ambassade de Rubens me rappelle une anecdote que Casanova, peintre de bataille, m'a racontée : Casanova se trouvant chez le prince de Kahaunitz, où il était invité à dîner, refusa de se mettre à table, parce que le prince, suivant l'usage des grands seigneurs allemands, se faisait servir par des artistes auxquels ils donnaient le titre honorable de *valets de chambre ;* sur l'observation de Casanova, le prince céda, fit mettre sur le champ son peintre à côté de lui, et bannit pour

toujours un usage qui blessait les convenances et dé-
gradait les artistes. Pendant le repas, il fut question de
l'ambassade de Rubens. Une vieille baronne allemande,
entichée de sa noblesse, élevant sa voix criarde au-
dessus de celles des autres, prétendit que la qualité
d'ambassadeur, dont le souverain des Pays-Bas avait
honoré Rubens, avait singulièrement relevé sa réputation, et que, sans doute, *Monsieur Rubens* était un
ambassadeur qui s'amusait à peindre. *Non, madame la
baronne*, reprit Casanova, *c'est un peintre qui s'est
amusé à faire l'ambassadeur.*

Les arts, protégés par le souverain, s'épurèrent et
parurent plus brillans sous le règne de François Ier.
Mais, semblables à un météore dont la lumière éblouissante disparaît aussitôt que l'aliment qui lui est propre
cesse de l'entretenir, les arts perdirent tout à coup le
caractère et la perfection que Léonard avait indiqués
aux peintres, aux sculpteurs comme aux architectes.
Les guerres intérieures des règnes suivans leur furent
défavorables, et bientôt ils dégénérèrent.

Une restauration nouvelle était sans doute réservée
à Nicolas Poussin ; mais que d'obstacles vinrent se
présenter ! Tout paraissait tourner au profit des arts ;
on avait lieu d'espérer lorsqu'il en fut décidé autrement. Déjà une école nombreuse existait ; déjà Simon Vouët, que l'on considérait comme le premier
peintre du siècle, s'était acquis une grande réputation ;
déjà il était comblé des faveurs de Louis XIII, lorsque
Poussin, jeune encore, parut dans la carrière avec le
génie de l'âge mûr et l'énergie de la jeunesse.

Poussin, par ses premières productions, fit bientôt connaître combien les leçons de Vouët étaient destructives du bon goût, combien sa manière de peindre s'éloignait de la vérité de la nature, et par conséquent de la perfection. A peine Poussin se fut-il présenté, qu'il lui fallut combattre des hommes jaloux de son rare mérite et diamétralement opposés aux principes qu'il aurait voulu admettre dans les académies. Autant généreux que modeste, Poussin, plus occupé de la véritable gloire que de combattre l'intrigue qu'on lui opposait, laissa ses ennemis jouir en paix de leurs prétentions ambitieuses, et passa en Italie dans l'espoir d'y perfectionner son art. En partant, il tournait encore ses regards vers la terre natale, et nourrissait dans son cœur la douce espérance de revoir sa patrie, pour lui consacrer à jamais les productions d'un talent qui faisait tout le charme de sa vie.

Poussin était dans la vigueur de l'âge lorsque Rome s'énorgueillit de le posséder dans ses murs : déjà ses productions attiraient tous les regards ; déjà ses tableaux étaient placés à côté de ceux des plus grands maîtres italiens, et les connaisseurs se pressaient en foule dans son atelier pour les admirer. Peu sensible aux éloges les plus flatteurs qu'on lui adressait, il répondait avec cette noble modestie, l'apanage ordinaire du vrai génie : *c'est à la nature, disait-il, à qui je dois mon talent ; car ce n'est qu'en tremblant que je trace mes sujets sur la toile ; et, lorsque je promène ma pensée dans mon atelier, je regarde en arrière, je vois mes illustres prédécesseurs, et je suppose toujours que la*

postérité, assise près de moi, juge d'avance mes com-
positions.

Cependant M. Denoyer, surintendant des bâtimens
de la couronne, admirateur des talens de Poussin, qui
avait sollicité de Louis XIII et du cardinal de Richelieu, la permission de le faire venir de Rome, pour
décorer de peinture et d'architecture la grande galerie
du Louvre, lui envoya le brevet de *premier peintre du
Roi*. Poussin revint à Paris, comblé de gloire et d'honneurs, vers la fin de 1640. On le mit en concurrence
avec Jacques Fouquières, le peintre le plus médiocre
de son temps, moins fameux par ses paysages que par
le sobriquet de *Baron à longues oreilles*, qu'on lui avait
donné avec connaissance de cause : il avait aussi un
brevet du Roi qui l'autorisait à décorer la galerie de ses
seuls tableaux.

Poussin, en rentrant à Paris, eut donc à lutter contre
le Baron aux longues oreilles et contre Le Mercier,
architecte du Roi, qui venait de surcharger cette même
galerie de décorations et d'architecture ; décorations
de mauvais goût, que Poussin, à peine entré en exercice de sa charge, venait de faire abattre. Il eut encore
à lutter contre toute l'école de Vouët, en faveur auprès
de la reine.

C'était trop d'ennemis à combattre pour un peintre
philosophe, uniquement livré à l'amour de son art ; et
cette tourbe, aussi orgueilleuse qu'ignorante, s'agita
tellement dans tous les sens, elle abreuva Poussin de
tant de dégoûts, qu'il partit pour la seconde fois,

mais ce fut pour l'éternité : il mourut à Rome. Ce départ précipité arriva vers la fin de septembre 1642, époque à laquelle il s'occupait, pour la galerie du Louvre, des cartons représentant une suite des actions d'Hercule (cette suite a été gravée par Audran). En partant, il fit un tableau satyrique pour se venger de ses ennemis. Ce tableau curieux, que j'ai vu chez M. Marc Didot et M. Dufourny, professeur de l'école d'architecture, pourrait se désigner sous le titre d'*Adieux de Nicolas Poussin à ses ennemis*, ou *le Coup de Massue*. Cependant, après la mort du cardinal de Richelieu, et du Roi, Louis XIV lui conserva le titre de *son premier peintre*, avec les mêmes appointemens, et lui fit payer ses pensions arriérées.

Je ne comparerai pas Poussin à Michel-Ange ; je ne le comparerai pas à Raphaël, ni à Jules Romain ; je le comparerai donc à lui-même ; fort de sa pensée et de son jugement, il dessinait, pour ainsi dire, les expressions de ses tableaux avec son ame ; et sa main, docile à la puissance de son génie, traçait des chefs-d'œuvre.

Le génie de Poussin, appelé le *peintre des philosophes*, le place au-dessus des peintres des temps modernes. En effet, quelle grandeur dans ses compositions ! Quelle combinaison merveilleuse et savante dans la distribution de ses groupes ! Que de vérité, que d'accord dans les expressions, et dans les mouvemens des figures entr'elles ! Cependant son dessin est souvent lourd et dénué de grâce ; son coloris est sombre et monotone ; sa manière de peindre peu facile et nulle-

ment agréable ; mais on est tellement frappé de l'ensemble général et de la parfaite invention de ses ouvrages, qu'il surprend l'admiration.

Poussin a justement senti que dans les arts dépendant du dessin, l'on ne peut acquérir une véritable
gloire qu'en consacrant ses crayons et ses pinceaux
à des sujets mémorables ; que c'est les profaner et
prostituer la peinture que de peindre des frivolités qui
ne durent qu'un jour, et qui périssent avec les modes
qui les font naître. Poussin a reconnu que pour arriver
au temple de mémoire, dans la pratique des arts du
dessin, il faut captiver l'esprit des hommes instruits,
et émouvoir l'ame des hommes sensibles ; c'est l'effet
que produisent ses compositions, et plus particulièrement celles de *Moïse exposé sur les eaux*, et *le Déluge*,
que l'on considère comme l'un des premiers tableaux
du monde ; il est au Musée du Roi.

Je n'examine pas si le sujet que je vais décrire est
vraiment historique, j'examine seulement le tableau
de Poussin..... Un ciel nébuleux, déchiré par la
foudre, et qui laisse à peine entrevoir le disque pâle du
soleil ; l'univers qui va se dissoudre sous le poids des
eaux continuellement nourries par une pluie abondante
qui tombe constamment du ciel ; voilà ce qui frappe
les premiers regards, et ce que présente à nos yeux la
peinture de Nicolas Poussin.

C'est dans un coin de l'univers que le peintre a
dessiné les scènes les plus tristes et les plus pathétiques.
Déjà les eaux ont couvert la sommité des montagnes,
déjà elles ont pénétré dans les creux les plus pro-

longés de la terre ; elles ont atteint les reptiles ; et le serpent, *le précurseur du mal*, sort de sa retraite et rampe vers les lieux les plus élevés. Un homme fend à la nage les flots qu'il paraît avoir long-temps combattus : il voit son salut dans une barque conduite par deux pêcheurs ; mais la barque, poussée sur les rochers par la violence des flots, se brise ; il périt lui-même, après avoir vu disparaître dans les eaux ceux dans lesquels il avait mis tout son espoir.

C'est sur le premier plan du tableau que Poussin a placé l'intérêt de la scène. On voit un vieillard qui se soutient sur les eaux, à l'aide d'une planche, triste reste de son habitation. Un autre s'est attaché à la tête d'un cheval ; épuisé de fatigue, il n'a plus d'espérance, l'animal qui le soutient est sans force. Un troisième saisit une barque, et cette barque, qui est dans le plus grand danger, offre le spectacle le plus déchirant ; elle est l'unique ressource d'une famille entière : un vieillard, à l'aide de pénibles efforts, la fait approcher d'un rocher sur lequel son gendre a pu gravir. Se soutenant à peine sur la roche inégale, le jeune homme se penche, et de la main cherche à saisir au maillot son enfant, que lui présente sa femme qui le soulève autant qu'elle le peut.... C'est ainsi que Poussin occupe la pensée et intéresse en laissant errer l'imagination sur le sort des personnages qu'il a mis en action. Il est facile de concevoir combien de pareilles scènes ajoutent d'horreur à toutes les horreurs d'un déluge universel, s'il pouvait y en avoir.

Le tableau de *Moïse exposé sur les eaux*, n'est pas

moins expressif que celui du *Déluge;* car, si on a des craintes pour l'enfant qu'une mère expose à une mort incertaine pour le préserver d'une plus certaine encore, on n'est pas moins attendri de la tristesse profonde d'Amram, père de Moïse, qui détourne la vue au moment où Jocabed, sa femme, abandonne aux flots du Nil la corbeille dans laquelle elle avait couché son fils. Si on partage ici les angoisses d'une famille obligée d'obéir à une loi tyrannique, l'ame est encore plus attristée à la vue d'un désastre universel représenté avec cette vérité touchante qui n'appartient qu'au génie qui a osé l'entreprendre.

La terre qui vit naître Malherbes et Corneille eut l'avantage de donner le jour à Nicolas Poussin ; il est né aux Andelys, petite ville de Normandie. Son père, qui avait combattu avec quelques succès sous les drapeaux de Henri IV, destinait son fils à l'art militaire, et lui enseignait lui même la tactique et les mathématiques : le vieillard, dans son fils, voyait rajeunir ses lauriers, lorsque le goût naturel de Poussin lui frayait une route opposée et lui préparait, dans l'avenir, un autre genre de gloire.

§. I. — Eustache Le Sueur, d'une santé délicate, a généralement mis peu de force dans ses compositions : doué d'un sentiment fin, elles sont douces et pures comme son ame; ses expressions sont tendres, peu énergiques, son coloris est doux et calme. Le Sueur s'est élevé au-dessus des peintres de son temps, par l'exécution du tableau de *saint Paul qui fait brûler les livres profanes,* qu'il a peint pour l'église Notre-Dame de Paris.

Saint Paul, placé sous le portique du temple, fait entendre la parole de Dieu ; il donne des ordres, ils s'exécutent à l'instant : les livres, les rouleaux sont enlevés avec fureur du sanctuaire de la science, par des fanatiques qui s'empressent d'en nourrir le feu d'un brasier qui est attisé par un homme du peuple que l'on voit sur le devant de la scène. Cette belle et savante composition mérita à son auteur le surnom glorieux de *Raphaël français.*

Je ne passerai pas sous silence les belles compositions historiques de la vie de saint Bruno, divisées en vingt-deux tableaux, que Le Sueur peignit pour la Chartreuse de Paris. On y admire surtout le sommeil du saint fondateur, son refus de la dignité épiscopale, la prédication du chanoine Raymond, et la mort de saint Bruno, tableau magnifique, que l'on doit considérer comme le dernier acte du poëme que Le Sueur a laissé à la postérité.

Retiré dans ce *Cœnobium* de paix, Le Sueur se fit admirer par la simplicité de son caractère, par sa candeur et par une piété douce ; ce ne fut qu'après avoir terminé son travail qu'il rentra dans le monde, en laissant dans l'asile solitaire qu'il quittait, ses immortels ouvrages et les souvenirs de sa vertu.

Ces chefs-d'œuvre de l'art, de l'esprit et de la science, que l'on voit aujourd'hui au Musée du Roi, sont la preuve de l'extrême facilité du peintre, qui les fit dans l'espace de trois ans. On y admire des compositions sages, une noble ordonnance, des attitudes naturelles et des expressions vraies; le coloris en est frais, séduisant; et il a quelquefois le charme et l'harmonie de celui de Blanchard. Cependant, le dirai-je?...., une main téméraire, conduite par la jalousie, armée d'un couteau, osa les offenser dans l'intention d'en faire disparaître les plus beaux visages!

Le Sueur, à l'aide de ses crayons et de ses pinceaux, avait le talent rare de remuer l'ame sans le moindre effort : les larmes coulent des yeux sans fatigue; on s'identifie avec le génie du peintre. Que de beautés supérieures dans son tableau sagement énergique de *la Condamnation de saint Gervais et de saint Protais!* On voit le tribunal inquisitorial du proconsul Astase, devant lequel paraissent deux anges de vertu et de beauté. On les condamne; ils vont au supplice avec la résignation et la candeur de l'innocence. L'attitude la plus simple et la plus modeste les caractérise tous deux. Debout, la tête faiblement inclinée, les mains liées, et vêtus de la tunique blanche, le symbole de la pureté, ils marchent tranquillement à la mort, ou plutôt à la gloire. Devant eux le temple est libre; ils sont isolés, parce que rien n'égale leur vertu; rien ne les précède, parce que Dieu, dans leur foi, les distingue des autres hommes; cependant un soldat, placé sur le devant du tableau, les pousse pour activer leur marche; ils n'en sont pas plus émus : voilà le génie, voilà la perfection. Cet ouvrage est un des plus beaux de l'école française; il est au Musée du Roi.

Il serait trop long de décrire la totalité des beaux

ouvrages dont nous sommes redevables au génie d'Eustache Le Sueur. Les peintures dont il décora trois salles de l'hôtel Lambert, sont remarquables par la poésie qu'il y a répandue et par la finesse des pensées. Cette belle suite, composée de dix-neuf pièces, est connue sous le nom de *Cabinet des Muses*, du *Salon de l'Amour* et de l'*Appartement des Bains*. Ce fut son dernier ouvrage. Le Sueur mourut à Paris, à l'âge de 38 ans, en 1655; il n'a jamais quitté cette ville, où il est né en 1617, d'un sculpteur distingué, qui lui donna les premières leçons du dessin. Il fut élève de Simon Vouët, et condisciple de Laurent de La Hyre, de Valentin, et de Charles Le Brun qui en fut extrêmement jaloux. De Piles rapporte que Le Brun étant venu le visiter dans les derniers instans de sa vie, dit en s'en allant : *La mort va me tirer une grosse épine du pied;* . . . . Je borne à ceci mes observations sur les peintres du règne de Louis XIV, quoiqu'ils soient fort nombreux. Avant de passer à l'examen de quelques ouvrages des temps plus modernes, je dirai un mot sur ce que l'on entend par style dans les arts du dessin.

Du Style dans les Arts du Dessin.

L'art du Statuaire n'est que l'imitation de l'homme; et l'observation nous fait connaître que le caractère des nations qui couvrent la surface du globe, se modifie sous différentes formes variées en raison des positions géographiques, et qu'il se peint par la configuration du corps et par la physionomie des individus.

Outre cette première considération je dirai, le sculpteur ou le peintre introduira dans son travail le sentiment qui lui appartient; il exprimera sa pensée par un trait fortement prononcé ou faiblement accusé, par un coloris doux ou vigoureux, par une touche agréable ou sévère; il transmettra aux expressions du personnage qu'il aura à peindre ou à sculpter, les affections de son ame; et, par cette fusion involontaire, il produira une statue ou un tableau qui ne sera pas semblable aux productions des autres artistes, quoiqu'ils aient, les uns et les autres, copié fidèlement la nature. C'est ainsi que, dans les arts du dessin, la façon de voir varie. Elle varie encore selon les mœurs, les habitudes et les usages des différentes époques où se trouve le sujet qui peint ou qui sculpte. Voilà pourquoi les sculptures et les peintures d'un siècle ne ressemblent point à celles du siècle qui les a précédées, comme elles seront différentes de celui qui succédera. Ces faits, résultans de la nature des choses et de la marche ordinaire dans la pratique des arts, n'importe le motif qui les aura fait naître, doivent se considérer comme les causes principales de ce qu'on appelle *style*.

La variété que l'on remarque encore dans le style de la sculpture, et en général dans les productions des arts dépendans du dessin, vient souvent de la faveur particulière que le chef de l'État, ou le Monarque, accordera à un seul artiste. Tous, à mérite égal , dans des genres et des manières différentes , ont des droits à sa bienveillance comme à son éclatante protection. L'influence que l'individu préféré prendra dans le monde sera d'autant plus nuisible aux progrès de l'art , que les artistes , pressés par la nécessité , pour satisfaire à la faveur et au goût du moment , sacrifieront leurs moyens personnels et s'empresseront d'imiter la manière du peintre ou du sculpteur qu'un caprice ou qu'une intrigue aura mis en vogue. Voilà comment les différens styles s'introduisent dans les arts.

Ce qu'on appelle *style* est essentiellement nécessaire dans les productions des arts. Il est toujours dépendant du sujet que l'artiste traite : je veux dire, qu'il tire son essence du sujet même ; qu'en conséquence il sera sévère, terrible ou grâcieux, suivant la circonstance. L'antiquité nous en offre des exemples dans la statue de Laocoon et de Niobé, dans celles d'Adonis, de Vénus, de Flore, comme dans celle du général athénien Chabrias, connu sous le nom de *gladiateur,* qui se voit au Musée du Roi.

Le *style* se compose de l'expression, de la grâce, de la beauté ou de la perfection. Il consiste dans la pureté des formes, dans le choix des expressions, dans la précision des attitudes, dans le caractère des draperies ; enfin, le style n'est que la réunion complète de toutes ces parties, je puis donc le considérer comme le verbe ou le langage à l'aide duquel le peintre ou le statuaire se fait entendre dans ses ouvrages. Les usages des nations diverses, et leur position locale, seront sévèrement consultés par l'artiste, pour déterminer le style dont il doit se servir dans la représentation du sujet qu'il traite. Je le répète, le *style* est l'éloquence de la peinture; chaque peintre a un style qui lui appartient : *l'École d'Athènes*, de Raphaël; *le Jugement dernier*, de Michel-Ange; *saint Paul à Ephèse*, de Le Sueur; *l'Extrême-Onction*, de Poussin; et, en général, toutes les productions de ce dernier seront présentées aux étudians comme des modèles de style, après les statues et les bas-reliefs antiques.

Le *style*, dans les arts dépendans du dessin, était l'apanage des artistes grecs, parce qu'ils avaient continuellement sous les yeux des hommes et des femmes nues, qui se faisaient remarquer par l'élégance et la perfection des formes. On se naturalise, pour ainsi dire, avec les choses que l'on voit sans cesse, ou avec les personnes avec lesquelles on vit; l'homme du monde se perfectionne avec la bonne compagnie; et certes, Racine n'aurait pas perfectionné la langue, si, comme Vadé, il n'avait connu que la société des halles. D'ailleurs, les sculpteurs grecs, soumis aux règles prescrites par le beau idéal de l'art, et scrupuleux imitateur de la nature, donnaient à leurs statues un mouvement si vrai, une expression tellement sentie, qu'en voyant le résultat de leur travail on est ému sans effort, on reste immobile, on pense et l'on admire. L'art est caché par l'art même, et l'on peut dire, avec beaucoup de raison, des sculpteurs et des peintres grecs, ce qu'Eglé disait de son portrait, que Ligdamon, inspiré par l'amour, avait peint en secret pour obtenir sa main qui était le prix d'un chef-d'œuvre en peinture :

> « L'art ne se montrait pas, c'est la nature même,
> » La nature embellie ; et, par de doux accords,
> » L'ame était sur la toile aussi bien que le corps ».

(VOLTAIRE. *Mélanges de Poésies. LES TROIS MANIÈRES*).

L'exécution de la sculpture grecque est si parfaite, si bien en harmonie dans toutes les parties morales et matérielles de l'art, que les statues ou les bas-reliefs antiques nous paraissent avoir été jetés au moule ou taillés d'un seul coup de ciseau. Tout sculpteur grec est un Prométhée ou un Pygmalion ; ils avaient tous un tel art pour saisir les caractères de la nature et les passions de l'ame, qu'on lit dans les proverbes de Quintilien : que sur les masques qu'ils fabriquaient pour les acteurs tragiques et comiques, on distinguait les caractères et les passions des hommes de toutes les classes de la société, chacun dans le style et le genre qui lui était propre. Voilà ce que j'appelle *convenance* dans le style ; enfin, il est reconnu que les arts du dessin ont aussi leur éloquence comme l'art du discours.

§. II. — *La forme du gouvernement a, dans tous les pays, une grande influence sur les sciences et les arts,* a dit Winckelmann. Les arts du dessin font partie de la bonne éducation ; ils sont essentiellement liés aux sciences et aux lettres. L'élève qui se voue à l'étude des arts ne peut s'élever au-delà des bornes ordinaires sans le concours des premières études, et on remarquera que ces mêmes arts n'ont pris un véritable accroissement chez les peuples civilisés, que du moment où l'instruction s'est généralisée par la bonne administration des souverains. Fixons notre pensée, sachons nous apprécier nous-mêmes ; tournons nos regards sur les productions de nos contemporains, et, dans la vérité qui nous anime, disons que le dix-neuvième siècle, dans les sciences comme dans les arts, surpasse les siècles qui lui sont antérieurs.

Louis XV aimait les arts, il se plaisait à la conversation des gens de lettres et des artistes qu'il recevait volontiers dans son cabinet ; il eut la bonté de tenir sur les fonts de baptème les enfans de Le Moine, son sculpteur, et de Belicart, son architecte. On lui doit l'établissement des grandes routes dans toute la France ; on en fit autant de promenades par des plantations régulières. Il a bâti l'Ecole Militaire, le château de Bellevue, celui de Choisy, et il ordonna la construction de beaucoup d'autres monumens publics. Louis XV était la meilleure tête de son conseil, facile à intimider ; aussi disait-il : *On a tort de me solliciter pour ce que l'on veut obtenir, car je suis la plus mauvaise protection de mon royaume.*

Les succès de Carle Van-Loo et de François Boucher ne furent qu'éphémères. La grande réputation de Carle Van-Loo, la sensation extraordinaire que son genre de talent a imprimée parmi les gens du monde, comme parmi les artistes, permettraient difficilement d'énoncer une opinion contraire à celle qui lui est favorable, si on pouvait louer, au mépris de la vérité, une méthode contraire aux principes de l'art, mais commandée par le goût du temps sous lequel il a vécu. Cet artiste a subi le sort de ces hommes qui sacrifient la perfection à la mode ; il a été trop loué pendant sa vie, et trop déprécié après sa mort. Les compositions historiques de Carle Van-Loo sont généralement froides et insignifiantes. La peinture est un art muet qu'il faut faire parler ; et Carle Van-Loo était loin de connaître les ressorts qui animent la toile et qui attaquent la sensibilité. Il excellait dans l'invention des scènes familières ; il y peignait ordinairement sa famille, comme on le voit dans les tableaux de *la Lecture* et de *la Conversation espagnole*, dont les gravures, par Beauvarlet, ont fait fortune. On connait aussi de Van-Loo, un tableau que j'ai vu pour la première fois à la Malmaison : il présente un Pacha qui fait peindre sa maitresse ; le peintre est Van-Loo lui-même, la maîtresse est sa femme ; son fils est derrière le Pacha, et les jeunes gens qui y figurent sont deux de ses élèves pour lesquels il avait de l'affection : Doyen est peint tenant un porte-feuille. Le coloris de ce tableau est frais, agréable, mais monotone ; le dessin est sans énergie quoiqu'exact ; en un mot, Van-Loo était le peintre de son siècle, et non pas celui de la postérité.

Je le répète, le but de la peinture est l'imitation de la nature. Mais il ne faut pas s'arrêter à tout ce qui s'offre aux yeux comme l'a fait Van-Loo ; il faut de l'art, il faut choisir parmi les hommes, les femmes, les enfans, les animaux mêmes, les formes convenables au sujet que l'on veut traiter. Le peintre d'histoire, plus qu'aucun autre, est soumis à ce soin et à cette recherche : s'il peint des dieux ou des déesses, il aura soin de consulter les statues grecques ; s'il peint un sujet tiré de l'histoire des nations anciennes ou modernes, s'il dessine des rois, des princes, des héros ou de simples guerriers, il s'arrêtera aux proportions héroïques dont il fera la recherche dans la nature. *Rien n'est beau que le vrai*, a dit Boileau ; mais le célèbre poëte ajoute :

> Le secret est d'abord de plaire et de toucher,
> Inventez des ressorts qui puissent m'attacher.

Je conviens que ces ressorts nécessaires, commandés par Boileau, appartiennent au peintre comme au poëte ; cependant, j'ajouterai que ces ressorts diffèrent en raison des objets que le peintre veut rendre sur la toile, et je dirai : dans certains genres de peinture on peut remplir toutes les conditions de l'art, en imitant l'objet que l'on a devant les yeux. Par exemple, quand on peint une *fleur* ou un *papillon*, on ne peut avoir un autre but que celui d'imiter une fleur ou un papillon. Dans cette position l'artiste ne sera qu'imitateur, et il sera toujours convenable qu'il choisisse la fleur la plus belle comme le papillon le plus riche en couleurs. Mais, lorsqu'il s'agira de peindre Achille irrité de la perte de Briseïs, ou Andromaque éplorée sur le corps palpitant d'Hector, le peintre montera sa lyre jusqu'au sublime, c'est-à-dire, au ton de celle d'Homère ; il exaltera sa pensée, s'irritera avec Achille, et pleurera avec Andromaque ; il devra, pour ainsi dire, oublier les modèles qu'il a devant lui ; il devra créer des expressions nobles, sentimentales et convenables à la scène.

Pour faire un bon ouvrage en peinture, ce ne sera pas seulement la représentation physique du personnage que l'artiste veut peindre qui l'occupera particulièrement, mais la situation morale de l'individu, les rapports qu'il peut avoir avec les autres sujets qui l'accompagnent. Il se rendra compte des passions qui l'agitent, des habitudes de son corps, suivant le rang qu'il tenait dans le monde ; enfin, en consultant les historiens, il devra en connaître la vie privée. C'est ce travail préparatoire, essentiel et nécessaire, auquel Nicolas Poussin n'a jamais manqué, qui le place au-dessus des autres peintres. Voilà le premier pas fait. Un peintre doit encore rechercher la *beauté* pour arriver à la perfection de son travail. On sait que ce qui est beauté peut être arbitraire dans les formes du dessin comme dans le choix du coloris ; que ce qui est beauté pour l'un, ne le sera pas pour un autre ; mais on conviendra que ce qu'on appelle généralement *beauté*, chez les peuples civilisés, a fait naître dans les arts dépendans du dessin une si grande variété dans la conception des sujets représentés, comme dans leur exécution, qu'il en est résulté une multitude de productions dans lesquelles il y a réellement de la science et même de la perfection, sans, pour cela, présenter aux yeux exercés ce qu'on appelle *beauté parfaite*. C'est encore la recherche du *beau*, dans les arts dépendans

du dessin, qui a produit un effet contraire parmi les
peintres, dont le but était aussi de plaire et de charmer
la multitude; mais qui, ne voulant pas suivre une
route déja tracée, ont donné dans des écarts d'imagination et dans des moyens d'exécution si différens de
la méthode reçue, qu'ils n'ont pas laissé que de produire de bons ouvrages, sans cependant avoir atteint
le but qu'ils se proposaient eux-mêmes. Il n'est que
trop vrai que ces diverses manières, dans l'exécution
d'un tableau, ont été mises en vogue tour à tour; qu'elles
ont été l'objet de l'admiration du public, et par conséquent des étudians; enfin, qu'elles ont été consacrées
par la mode, et qu'elles ont passé dès que le charme a
cessé.

C'est dans cette dernière classe d'artistes que je place
Carle Van-Loo. Il était doué de la nature; et je ne
doute point que la frivolité de son siècle ne lui ait fait
adopter un style plutôt agréable que sévère, un coloris
blafard plutôt que solide, et un maniement du pinceau
plutôt séduisant que vigoureux. Voilà comment s'est
opérée, en France, la dégradation des arts dépendans
du dessin dans les temps modernes, et c'est par un
enseignement contraire à celui-là, établi dans une seule
école, que la restauration générale des arts s'est faite
dans des temps plus modernes encore, comme on le
verra par la suite.

§. III. — François Boucher, qui a succédé à Carle
Van-Loo, dans la place de premier peintre du Roi,
fut appelé par le public *le Peintre des Grâces;* titre

que ses tableaux ne justifient pas complètement. A l'extrême facilité dans le travail, Boucher réunissait une touche légère et spirituelle. Ses compositions sont fécondes en personnages, riches en accessoires ; mais il a tellement abusé de la facilité qu'il avait reçue de la nature, que, dans les derniers temps de sa vie, il ne copiait plus le modèle et peignait de *mémoire :* d'où il est résulté un dessin si incorrect, qu'à peine trouve-t-on dans les figures de ses tableaux la totalité des formes nécessaires à l'organisation complète d'un sujet. Le coloris de Boucher est violet, et les carnations, en général, paraissent reflétées d'un rideau de *taffetas* (1) rouge.

A l'époque où Van-Loo et Boucher florissaient, un peintre habile se montra avec avantage dans nos académies. Son disciple et son ami, il a dirigé mes premiers pas dans la carrière des arts. Le peintre distingué dont je vais parler ; celui qui fut l'émule de Joseph-Marie Vien ; celui à la mémoire duquel j'adresse l'hommage de ma reconnaissance, est Gabriel - François Doyen. A son retour de Rome il exécuta, pour le duché de Parme, un tableau de plus de vingt pieds, représentant *la Mort de Virginie*. Cette production, après avoir obtenu tous les suffrages, lui ouvrit les portes de l'Académie. Doyen peignit ensuite un plafond pour le duc de Choiseuil, et un tableau pour Watelet ; mais son chef-d'œuvre est *la Peste des Ardens,* qui fait un des

---

(1) Je dis *taffetas,* parce que la laine, la toile ou toute autre étoffe ne produisent pas des reflets de la nature de celle-ci.

plus beaux ornemens de l'église Saint-Roch, où il est expo é, en face de *la Prédication de saint Denis,* par Vien.

Dans la partie la plus élevée du tableau, on voit sainte Geneviève, au milieu d'une gloire céleste portée sur des nuages, intercédant la miséricorde de Dieu en faveur des Parisiens, sur lesquels une épidémie, sous le nom de *mal des ardens,* faisait des ravages considérables. Ce mal cruel, espèce de *feu* ou de *gangrène* qui attaquait le foie, se manifesta à l'avénement au trône du roi Robert, l'an 996. L'attitude de sainte Geneviève est celle de la béatitude parfaite. Quel contraste frappant avec la partie inférieure du tableau !... Là, sont entassés des malades dont les convulsions expriment les douleurs les plus aiguës; tous ont les yeux tournés vers la patronne et la protectrice de Paris; et quoiqu'elle soit isolée dans l'immensité du tableau, on peut la considérer comme le principal agent de l'action.

La scène se passe sur le parvis d'un hôpital (l'Hôtel-Dieu). On y voit une dame richement vêtue, accablée par la maladie, entourée de ses femmes qui la soutiennent, agenouillée, les bras levés, les yeux baignés de larmes; elle implore avec ferveur la puissance divine; ce n'est pas pour elle, c'est sur un fils mourant que son époux presse sur son cœur. Le sentiment qui règne dans cette scène, le pathétique de l'expression, la grandeur des pensées suffiraient pour faire la réputation d'un peintre.... Ce groupe forme le milieu de la composition. Près de cette mère est un pestiféré qui sort de l'hôpital : la mort le frappe, il chancelle, et on voit les gardiens qui le repoussent dans l'intérieur de la maison.

Parmi cette foule de malades, on remarque une belle femme morte, couchée sur la paille, ayant sur son sein un enfant qui cherche à prendre la nourriture de son âge. Cette image a quelque chose de sublime, mais d'un peu repoussant. Au côté opposé, on découvre les victimes de l'épidémie entassées dans un caveau. Enfin, sur le premier plan se trouve un homme dans toute la vigueur de l'âge, expirant de douleur dans les bras de son vieux père ; il se déchire le flanc, dans l'espoir d'extirper le feu intérieur dont il est dévoré. Les convulsions de ce malheureux, les larmes de la mère, les cris de l'enfant, la douleur du père, l'ardeur du malade qui sort de l'hôpital ; tout dans cette savante composition inspire un sentiment d'horreur partagé par celui de la pitié ; tout annonce, de la part du peintre, une imagination élevée, un génie vaste et une connaissance approfondie de l'art. Ce tableau, qui est encore dans tout son éclat, ne perd pas à être vu à côté de celui de Vien ; le mouvement qui y règne contraste heureusement avec la correction du dessin, la sagesse des expressions et la belle ordonnance, qui sont les caractères distinctifs des ouvrages du père de la nouvelle Ecole.

Après la mort de Carle Van-Loo, Doyen, son disciple, fut chargé de peindre, aux Invalides, sept plafonds dans la *chapelle saint Grégoire*. En travaillant à cette peinture, il tomba de deux étages à travers une trappe, que des ouvriers avaient négligé de fermer ; il eut plusieurs côtes brisées et faillit mourir des suites de cette chute. Louis XV, qui l'honorait de ses bontés, lui fit donner des secours, et lui envoya son médecin. Hors de danger, le peintre s'empressa de se rendre à la cour pour remercier le Roi : Louis XV, le voyant rétabli lui dit : *Doyen, je suis bien aise de vous voir en bonne santé, savez-vous que je ferai mettre des garde-fous au dôme des Invalides ?... Sire*, lui répondit le peintre, *puisque Votre Majesté a des bontés pour moi, je la supplie d'ordonner que l'on y place de préférence des garde-côtes.*

Comme on le voit, il avait l'esprit prompt et la répartie vive. S. A. R. MONSIEUR, aujourd'hui notre auguste Monarque, l'avait nommé son *premier peintre;* désirant obtenir le même titre de son frère, Monseigneur le Comte d'ARTOIS, Doyen en fit lui-même la demande. Le Prince lui dit qu'il avait disposé de ce titre en faveur d'un peintre de portrait ; *c'est très-bien, Monseigneur, pour multiplier les images de Votre Altesse Royale,* répondit Doyen ; *mais il peindra donc vos victoires en bustes ?....* Le Prince, avec cette bonté et cette grâce qui lui sont si familières, le nomma son *premier peintre.*

L'Ecole de Doyen était nombreuse : il aimait ses élèves et les traitait comme ses amis ; mais, né avec un caractère impatient et s'abandonnant à l'ardeur de son imagination, il les pressait trop dans les études, et ne savait pas les diriger : c'est ainsi que l'on rendrait difforme un enfant qu'on ferait marcher trop tôt. Cependant, dans le nombre de ceux qui se sont distingués, on cite MM. Valentin, Valenciennes, Dafrique, Le Thiers, Garnier, Mérimée et Mongin (1).

§. IV. — La révolution qui s'est opérée en France, dans les arts du dessin, semblait se disposer dans les académies, lorsque Joseph-Marie *Vien* eut le courage d'enseigner une doctrine toute nouvelle, dont la sévérité parut barbare au plus grand nombre des peintres et aux gens du monde. Le grand homme, après l'étude spéciale de la nature, proposa à ses élèves, comme des modèles de beauté, les statues antiques, les tableaux et les cartons de Raphaël, de Jules Romain, ou de Michel-Ange. S'étant soumis lui-même aux principes de l'École Italienne, son activité au travail et son exemple furent, pour les étudians, une *règle* dont la

---

(1) On voit à Saint-Étienne du Mont un tableau de Valentin, représentant *le Martyr de saint Étienne*. De M. Dafrique, à Saint-Nicolas du Chardonnet, une épisode de *la Peste de Milan;* et dans la chapelle du Collége La Marche, *Saint Jean préchant dans le désert*. De M. Le Thiers, professeur de l'École royale des Beaux-Arts, membre de l'Institut, on voit, galerie du Luxembourg, un tableau remarquable représentant *le Supplice des fils de Brutus;* on admire aussi son *Philoctète dans l'île de Lemnos*, qui orne une des salles du Corps-Législatif. *La Mort de Priam*, par M. Garnier, membre de l'Institut, ainsi que son tableau de la sacristie de l'Église royale de Saint-Denis, sont des ouvrages distingués; ainsi que les Paysages de MM. Valenciennes et Mongin. M. Mérimée, secrétaire de l'École des Beaux-Arts, s'est fait une réputation remarquable par son tableau de l'*Innocence,* dont il a déjà été question.

théorie et le développement avaient pour but la perfection. On a fortement déclamé contre les dangers qu'il
y aurait à introduire, dans nos académies, une théorie
des arts de dessiner et de peindre. Watelet et Taillasson pensaient ainsi ; ils ont écrit contre le principe.
Cependant, nous avons vu que des esprits philoso-
phiques se sont occupés d'examiner les ouvrages de
l'art dans l'intention de découvrir les causes des fortes
impressions qu'ils produisent sur un homme sensible,
c'est-à-dire, bien organisé ; on a cru en avoir trouvé
les règles au moyen de ces recherches. En effet, la
théorie, loin d'être nuisible au vrai goût, ne fait que
le fortifier ; car, tant qu'on ignore ce qu'un objet doit
être, il est impossible de dire s'il est parfait ou imparfait. « Lorsque la nature et l'essence d'un ouvrage sont
déterminées, celui qui doit l'exécuter peut déduire de
cette théorie des conséquences pratiques sur la forme
de son ouvrage, sur les procédés qu'il doit employer.
— Ces conséquences pratiques sont ce qu'on appelle *les
règles de l'art* ». Les peintres les plus célèbres, Léonard de Vinci, Poussin, Rubens, Lairesse et Mengs,
n'ont pas dédaigné de mettre au jour des ouvrages sur
les *règles de l'art* ; ces règles une fois méconnues, il
y a eu dégradation ; et c'est en les rétablissant que
Vien a restauré l'art du dessin et de la peinture.

Mais ce qu'on croira difficilement, c'est qu'immé-
diatement après le temps où l'École française avait lieu
de s'enorgueillir d'avoir eu pour maîtres Poussin, Le
Sueur et Le Brun, cette même école se soit dégradée
au point de méconnaître les meilleurs préceptes pour

suivre la manière facile que Detroy et Boucher ont montrée dans leurs tableaux. Il est vrai que Vien succéda à Boucher dans la place de premier peintre du Roi; et je dois dire, à l'avantage de ce dernier, que les fautes graves qu'on découvre dans ses ouvrages sont dues à la mauvaise école qui l'avait endoctriné; car il est reconnu que François Boucher possédait toutes les dispositions naturelles pour être un peintre habile, s'il eût vécu dans un autre siècle, et s'il eût reçu d'autres principes que ceux que l'on enseignait alors dans les académies. Si on examine les tableaux de *Natoire*, dont il fut l'élève, et qui l'était de *Le Moine*, on aura bientôt une idée des causes de la dégradation dont il s'agit.

Ecoutons l'épître à Vien, dans laquelle Ducis a exprimé, en douze vers, tout ce qu'on peut dire à ce sujet :

> De l'École Française heureux restaurateur,
> Qui, du grand art de peindre atteignant la hauteur,
> Aux fécondes leçons as su joindre l'exemple ;
> Toi, qu'en s'attendrissant l'œil du public contemple
> Avec ce doux respect qui suit les cheveux blancs,
> Quand la vertu s'unit à l'éclat des talens,
> Tu le sais, le beau seul a droit à notre hommage ;
> *Vien*, c'est toi, le premier, qui, vengeant son outrage,
> Rendis à nos pinceaux l'exacte vérité,
> D'un dessin vigoureux l'aimable austérité,
> Le brillant coloris, la sévère ordonnance,
> Et de l'art, en un mot, le charme et la science.

Les plus beaux tableaux de Vien, sont *l'Hermite*

endormi ; Dédale attachant les ailes de son fils Icare : il fut reçu à l'Académie sur ce bel ouvrage ; *la Prédication de saint Denis ; saint Germain et saint Vincent,* qu'il a peints pour la bannière de la paroisse de Saint-Germain l'Auxerrois : ce tableau est vigoureux et peut être mis en parallèle avec ceux des maîtres italiens ; il a été exécuté en tapisserie, aux gobelins, d'une manière remarquable, par Cozette. *la Marchande d'Amours,* composition renouvelée d'une peinture grecque, etc. Il a peint plusieurs tableaux dont il a tiré les sujets d'Homère, mais son génie n'a jamais pu s'élever à la hauteur du poète.

L'école de Vien était nombreuse, et ses élèves les plus distingués sont MM. Peyron, Vincent, Ménageot, Barbier, Mousiau, Taillasson, Lemonnier, etc.; de ce nombre était aussi David, auquel on est redevable de la restauration complète, non-seulement de la peinture et de la sculpture, mais encore de toutes les branches industrielles qui appartiennent aux arts du dessin ; car Vien n'a fait que préparer la voie qui, dans la suite, fut si glorieusement parcourue par David, et le respectable vieillard en convenait lui-même. Un jour, qu'il m'honora de sa visite, je lui parlai des services qu'il avait rendus à la patrie, en essayant une nouvelle restauration de l'art de dessiner et de peindre ; il me répondit modestement : *J'ai entr'ouvert la porte, David l'a poussée.*

Peyron et Vincent méritent aussi d'être distingués. Le plus beau tableau de Vincent, est celui où l'on voit *le président Molé arrêtant, par sa présence et la fer-*

meté de son caractère, *les séditieux à la journée des barricades.*

Mathieu Molé, guidé par une sage philosophie,
aimait mieux être un homme de bien que de le paraître.
A la journée des *barricades,* on assiégea sa maison ; il
en fit ouvrir lui-même les portes, en disant : *La maison
du premier Président doit être ouverte à tout le monde.*
Il était occupé à travailler, il se lève. L'abbé de Chan-
valon l'arrête et veut l'empêcher de descendre. *Jeune
homme,* lui dit Molé, *apprends qu'il y a loin du po-
gnard d'un scélérat, au cœur d'un homme de bien.* Un
factieux veut le saisir à la barbe, l'intrépide président
le menace de le faire pendre et fend la presse ; il arrête
la sédition. Voilà l'instant que Vincent a exprimé avec
beaucoup d'énergie. Quoique Molé connût peu les fi-
nesses de la langue, son éloquence était forte, pressée,
et son air noble, son maintien assuré en imposaient ;
c'est aussi ce que le peintre a parfaitement rendu.

Ce tableau produisit un grand effet au Salon, lorsqu'il y parut pour la première fois ; le Roi en ordonna
l'exécution en tapisserie.

Outre le mérite de Vincent, comme peintre, il avait
des vertus morales qui le faisaient chérir de tous ceux
qui avaient le bonheur de le connaître. Les événemens
politiques avaient réduit Vien à la détresse, lorsque
Vincent vint à son secours. Touché du fâcheux état
de son professeur et son maître, Vincent lui fit parvenir des secours et des travaux, sans que Vien ait
jamais connu la main qui soulageait son infortune ; il
achetait secrètement ses tableaux, et lui faisait faire

des dessins, dans lesquels le vieillard, plus qu'octogénaire, mettait encore de la vigueur et de la précision. Enfin, Vien fut nommé sénateur, et vécut heureux.

A la même époque parurent Joseph Vernet, les frères Lagrenée et Fragonard. Joseph Vernet, dont les marines se placent à côté des meilleurs tableaux de nos peintres d'histoire, vit encore dans son fils *Carle* et son petit-fils *Horace*. Les frères Lagrenée se sont distingués tous deux dans des genres différens. Le premier, par le goût et la grâce qu'il savait donner aux petits sujets qu'il se complaisait à peindre : on y remarque de la naïveté dans les attitudes, et de la douceur dans le coloris. Le Roi, pour le récompenser de son mérite, le nomma *directeur de l'Académie de Rome.* Le second, connu sous le nom de *Lagrenée le jeune,* peintre d'histoire et membre de l'Académie royale, comme son frère, s'est classé au nombre des habiles peintres de son siècle par une heureuse application, dans ses ouvrages, de l'étude particulière qu'il avait faite des vases grecs peints, dits *vases étrusques;* par l'élégance et l'agrément qu'il mettait dans ses compositions arabesques. Appelé à la manufacture de *Sèvres,* pour en diriger les travaux, il en bannit le mauvais goût pour y substituer celui des vases et des monumens de l'antiquité.

Le pinceau érotique de Fragonard porte un caractère particulier; il aima mieux se couronner de myrthes et de roses que de lauriers; semblable à ces oiseaux heureux qui chantent leurs amours dans les bocages, il dédaignait le vol hardi de l'aigle qui se perd dans les nues. Fragonard disait assez plaisamment : *Que la nature, en le poussant à la vie, se mit à rire, et qu'elle lui dit, avec malice : Tire-toi d'affaire comme tu le pourras.* Il disait aussi, *que la beauté était la santé parfaite de la nature.*

Fragonard, élève de Boucher, considéré comme peintre, était badin, léger, inconstant, touchant tour à tour ses pinceaux sans oser en prendre un d'une main assurée. Ses ouvrages se ressentent de cette indécision ; son style, car il en avait un, est agréable sans être déterminé ; son dessin est gracieux, sans être arrêté ; son coloris, faux et indéterminé, ressemble à une vapeur aérienne qui aurait emprunté quelques reflets de l'arc-en-ciel. Cependant il eut le courage de peindre un grand tableau d'histoire pour sa réception à l'Académie ; il choisit le sujet de *Corésus et Callirhoé.* En 1773, chargé de peindre le salon de Mlle Guimard, elle fut représentée en Terpsichore, avec les attributs qui caractérisent la Muse de la danse. On raconte que les tableaux n'étaient pas encore terminés, lorsqu'on ne sait pourquoi, elle se brouilla avec son peintre, et en choisit un autre. Fragonard, curieux de savoir ce que devenait son ouvrage entre les mains de son successeur, trouva le moyen de s'introduire dans la maison. Il pénètre jusque dans le salon sans y rencontrer personne ; apercevant dans un coin une palette et des couleurs, il imagine sur-le-champ le moyen de se venger. En quatre coups de pinceaux il efface le sourire des lèvres de Terpsichore, et leur donne l'expression de la fureur, sans nuire à la ressemblance du

portrait. Cela fait, il se sauve au plus vite, et le ha-
sard veut que Mlle Guimard arrive quelques momens
après avec plusieurs de ses amis qui venaient juger les
talens du nouveau peintre. Quelle fut son indignation,
en se voyant défigurée de la sorte ! Mais plus sa colère
éclate, plus la *métamorphose* devient ressemblante. . . .
Comme je l'ai déjà remarqué, les peintres se sont souvent servi du pinceau pour consacrer publiquement
un juste ressentiment ; c'est ici le cas de reproduire
la devise : *qui s'y frotte s'y pique*, de l'ordre du *porc-
épic*, institué par Louis d'Orléans, fils du roi Charles V,
né en 1371 (1).

§. V. — La peinture, pratiquée en France avec plus
ou moins de succès, ne s'est montrée dans aucun temps
avec l'éclat qu'elle présente aujourd'hui. La peinture,
par les images du beau qu'elle nous fait voir, élève
l'ame, ennoblit la pensée et chasse l'ennui. Je l'ai
déjà dit : sa restauration complète est due à David.
Après avoir fixé sa réputation par l'exposition pu-
blique de ses tableaux de *Bélisaire*, des *Funérailles de
Patrocle*, et de *la Peste*, il consacra son atelier à l'étude,
et bientôt un nombre considérable d'élèves fut admis
à le voir peindre et à suivre ses leçons. *La peinture
n'est qu'une imitation embellie de la nature*, disons-

____

(1) J'ai consacré cette anecdote, que le peintre m'a racontée
lui-même, dans un article imprimé de *la Biographie* des frères
Michaud.

nous ; Doyen disait : *Qu'il fallait étudier la nature, mais que le peintre devait en faire le roman.*

David, en homme habile, a réuni dans ses ateliers l'étude des statues antiques, celle du modèle vivant et de l'anatomie, en indiquant à ses élèves le juste milieu qu'ils avaient à observer dans la recherche des contours de l'un et l'autre sujet, qu'il mettait sous leurs yeux, pour leur former le goût et les conduire à la connaissance du *beau idéal*, qui est la principale base du dessin dans le genre historique ou héroïque.

On ne saurait trop le répéter : *l'imagination, dans les productions des arts dépendans du dessin, doit se régler par la raison.* David s'est pénétré de cette maxime pour l'exécution de ses ouvrages, et l'on admire généralement la sagesse et la modération qui règnent dans ses compositions. Que de force dans le tableau des *Horaces;* mais, en même temps, que de simplicité ! L'énergie du sujet et son action existent uniquement dans les expressions et dans les attitudes des personnages que l'homme de génie a mis convenablement en scène. Brutus, malgré la position la plus malheureuse pour un père, est noble, énergique et terrible, mais sans être exagéré. *Socrate, représenté tranquillement assis au milieu de ses disciples, buvant la ciguë,* est l'image de l'éloquence et de la persuasion ; la puissance du philosophe sur les autres hommes est exprimée par un seul geste, et David lui a donné la noblesse d'un Dieu qui se serait fait homme.

M. Regnault, membre de l'Institut et professeur de l'Ecole des Beaux-Arts, a également contribué à la

restauration de l'art en France ; il a produit des modèles parfaits en dessin, et il a formé un nombre considérable d'élèves. Son tableau de l'*Education d'Achille*
est un ouvrage parfait qui sera toujours admiré, et qui
restera à la postérité. Les écoles de David, de Vincent
et de Regnault, ont donc unanimement fixé la manière
de dessiner, de peindre et de composer.

§. VI. — Mais, en parlant de cette école brillante,
l'honneur de la France, et avec laquelle aucune autre
de l'Europe ne peut se mesurer, un nuage vient obs-
curcir mes idées, et mon ame se livre à la douleur.
Nous avons à déplorer la perte d'un génie supérieur ;
mort à Rome à la fleur de l'âge : il était l'émule de
MM. Fabre, Girodet et Gérard ; et déjà son premier
ouvrage est placé au Musée du Roi, à côté des chefs-
d'œuvre des plus grands maitres. Ce tableau parfait,
par lequel il a remporté le prix sur ses compétiteurs,
est *la Cananéenne implorant la miséricorde de Jésus-
Christ.* Il meurt à 24 ans, et laisse imparfait un tableau
représentant *les Adieux de Coriolan à sa famille.*

M. le chevalier Girodet, élève de David, se place au
nombre des grands peintres du siècle ; son tableau
d'une *Scène du Déluge* est un morceau du premier
ordre ; la pensée poétique et la composition vigoureuse
sont entièrement de l'invention du peintre. Ici M. Girodet est l'égal de David ; et, pour l'exécution du tableau, il s'est inspiré de la manière de Michel-Ange,
et du terrible dont le grand homme était animé. C'est
un ouvrage classique, qui, dans tous les temps, fera

honneur à l'Ecole française, comme le *Jugement dernier* a fait la réputation de l'Ecole florentine.

Un ciel menaçant, et sillonné par la foudre, laisse
apercevoir, dans le lointain, quelques cyprès placés
çà et là sur des roches escarpées, desquelles coulent
des torrens formés par une pluie abondante : tel est le
lieu où se passe la scène du tableau de M. Girodet.

Les eaux, par leur accroissement considérable, ont
chassé les hommes et les animaux de leur retraite ordinaire ; tous sont anéantis. C'est dans un coin de l'univers
qu'une seule famille existante est encore poursuivie par
le gonflement des eaux ; elle espère trouver un asile sur
des roches dont la cime s'élève dans les airs et se perd
dans les nues. Là, on voit un époux, dans la force de
l'âge, qui, après avoir atteint la hauteur du rocher, ayant
son père sur ses épaules, essaie, par de pénibles efforts,
de ramener près de lui sa femme à qui il tend la main.
Déjà elle est arrivée à la première roche, et cette
tendre mère, à moitié évanouie avec un enfant à la
mamelle, est elle-même entraînée vers le précipice
qu'elle vient de franchir, par son fils aîné qui n'a
d'autre ressource, pour éviter la mort, que de s'attacher à celle qui lui a donné le jour. Ce jeune enfant,
égaré par le danger qui le menace, aveugle par l'im-
prévoyance de son âge, barbare par la crainte qui l'a-
gite, d'une main tient sa mère par les cheveux, lui
embrasse l'épaule de l'autre, et, la tirant en arrière,
il l'entraîne vers le gouffre par le poids de son corps
qu'il augmente en raison du vide qui l'éloigne du
point d'appui. Cette femme, un bras tendu, la main

droite dans celle de son époux, la tête renversée et le corps plié en arrière, est cependant prête à échapper au sort funeste qui la poursuit, lorsqu'une branche d'arbre étroitement embrassée par le mari, qui tient dans ses mains sa propre destinée et celle de toute sa famille, est rompue par un coup de vent. Cet accident imprévu glace le cœur d'effroi, et jette la consternation dans l'ame ; cependant le sort de ces malheureux est indécis, et l'action reste suspendue.

Est-il une situation plus pathétique, une position plus affreuse que celle d'un père prêt à périr avec ce qu'il a de plus cher au monde : son père, sa femme et ses enfans?... Ce n'est pas seulement par cette scène terrible et touchante que M. Girodet fixe l'attention des spectateurs, mais c'est par une énergie extraordinaire dans les expressions, et par un dessin vigoureusement prononcé et fortement exprimé. On y admire la connaissance parfaite de l'anatomie et le maniement du pinceau. C'est le même génie qui animait Michel-Ange lorsqu'il traçait, sur les murs de la chapelle Sixtine, *la Création de l'homme et de la femme, les Prophètes,* et *le Jugement dernier.*

Lorsque le tableau de M. Girodet parut, on a dit dans les journaux : *Il a travaillé dans le goût de Michel-Ange, plus que dans celui de Raphaël;* et, en faisant un rapprochement de cette production avec le tableau des *Sabines,* par David, dans l'intention d'être favorable au premier, on a comparé les deux ouvrages à *Cinna* et à *Bérénice :* je vais examiner si la proposition est juste.

Le goût de Racine est, sans contredit plus pur,

plus doux, plus exquis que celui de Corneille ; mais si on avait aujourd'hui à faire concourir *Cinna* avec *Bérénice*, tous les suffrages pourraient justement se réunir en faveur de *Cinna*, d'où je conclus qu'un tableau, dans la manière audacieuse et énergique de Michel-Ange, peut être préféré, avec quelque raison, à des compositions dans le goût pur, sage et harmonieux de l'inimitable Raphaël. Les *Sabines* ont l'avantage du genre, peut-être même celui du goût et du style ; mais le *Déluge* a celui de l'imagination, de la force, de la hardiesse et de l'intérêt.

En renvoyant mes lecteurs aux différens articles que j'ai imprimés sur le tableau des *Sabines*, lorsqu'il parut, j'ajouterai que le tableau de David ne peut se comparer à aucune peinture des temps modernes ; il était tellement pénétré du sentiment de l'antiquité et du beau, qu'il me disait, en y travaillant : *Je veux que mon tableau porte le caractère de l'antiquité, au point que s'il était possible qu'un Athénien revint au monde, il lui parut être l'ouvrage d'un peintre grec.* En effet, David n'a de rival que dans l'antiquité.

Ce grand peintre n'a pas seulement borné ses pinceaux au genre historique, et plus d'un portrait, sorti de sa main, a obtenu les suffrages des hommes éclairés et impartiaux. Celui du pape Pie VII, que l'on a vu avec tant d'intérêt, et que l'on a admiré chez le peintre et ensuite à la galerie du Luxembourg, est un chef-d'œuvre d'imitation et de coloris. On regrette de ne plus le voir à la place qu'il a occupée pendant plusieurs années : c'est une excellente leçon dont on prive les étudians.

Cependant, la comparaison des deux tableaux dont il s'agit, avec *Cinna* et *Bérénice*, n'est pas exacte. Cinna est une tragédie où le génie de Corneille se montre dans toute sa beauté : et, s'il m'était permis de porter un jugement, je dirais que c'est son meilleur ouvrage. Dans Bérénice, Racine n'a employé pour ressort que la tendresse et la sensibilité ; c'est, pour ainsi dire, une élégie mise en action, qui, cependant, est conduite avec tant d'art que l'intérêt se soutient constamment pendant les cinq actes. Si j'osais comparer *Cinna* à *Britannicus*, et qu'il me fallut prononcer pour couronner l'un des deux ouvrages, j'avoue que ma couronne serait pour *Britannicus*. Je m'arrête, et je me prosterne devant les chefs-d'œuvre du théâtre et de la poé ie française. Enfin, puisqu'on s'est plu à comparer le tableau des *Sabines* à une tragédie de Racine, je le comparerai à *Britannicus*, et non pas à *Bérénice*, comme on l'a fait.

M. Girodet sait monter sa lyre à plus d'un ton : docile aux leçons de son maitre, il prend la nature sur le fait, et il sait peindre les passions les plus douces comme les plus animées. *Atala portée au tombeau* est un chef-d'œuvre d'expression, de perfection et de beauté. Quand je vois *Pygmalion épris de Galathée*, je dis : *Il a voulu faire une nymphe, il a fait une déesse !* .... Le peintre, dans son heureuse inspiration, pourrait dire avec le roi de Chypre devenu célèbre sculpteur : *Quand je ne ferai plus rien de beau, de grand, je montrerai ma Galathée, et je dirai : voilà ce que fit autrefois Pygmalion* (1)....

Ce que j'ai dit de l'effet que produit l'imagination des poètes sur celle des peintres, et celle des peintres sur les poètes, est applicable à une composition de M. Girodet, qu'il a faite pour le *Racine* de M. Didot ; elle représente l'*aveu qu'Hermione, irritée de l'infidélité de Pyrrhus, fait à Oreste qui lui reproche ses rigueurs*. Il y a de l'esprit dans l'attitude des figures et de l'expression dans les airs de tête. Écoutons Racine, pour mieux connaître la composition de M. Girodet. — C'est Hermione qui parle :

> Eh quoi ! toujours injuste en vos tristes discours,
> De mon inimitié vous plaindrez-vous toujours ?
> Quelle est cette rigueur tant de fois alléguée ?
> J'ai passé dans l'Épire, où j'étais reléguée,
> Mon père l'ordonnait. Mais qui sait si depuis
> Je n'ai point, en secret, partagé vos ennuis ?
> Pensez-vous avoir seul éprouvé des alarmes ?
> Que l'Épire jamais n'ai vu couler mes larmes ?
> Enfin, qui vous a dit que, malgré mon devoir,
> Je n'ai pas quelquefois souhaité de vous voir ?

---

(1) Cette belle production fait aujourd'hui l'ornement de la précieuse galerie de M. le chevalier Sommariva, dont le goût éclairé se distingue par un excellent choix des ouvrages de nos peintres de l'École moderne.

ORESTE.

Souhaité de me voir !... Ah ! divine princesse...
Mais, de grâce, est-ce à moi que ce discours s'adresse ?
Ouvrez les yeux, songez qu'Oreste est devant vous,
Oreste si long-temps l'objet de leur courroux.

M. Girodet a si bien peint la coquetterie d'Her-mione par son attitude, son air de tête et la pose de ses bras, ainsi que la surprise, mêlée d'attention, d'Oreste ; il a tellement saisi l'intention de Racine, et la position de la scène, que si les vers qu'on vient de lire n'étaient pas connus, tout autre poète pourrait en faire d'équivalens en voyant le dessin dont il est question.

M. Gros, autre élève de David, s'est également rendu célèbre par le tableau de *la Peste de Jaffa*, par celui de *Charles-Quint et de François I.er*, qui décore la sacristie de l'église royale de Saint-Denis. Le coloris des tableaux de M. Gros est généralement fort et pro-noncé, à la manière de Rubens ; son style est quelque-fois hardi et élevé comme celui de Jules Romain ; et, si on lui reproche des écarts dans le dessin et dans la perspective, ces irrégularités sont rachetées par des beautés du premier ordre.

M. Gros a prouvé, par l'exécution du tableau de la sacristie de Saint-Denis, que la partie principale du coloris est le contraste que fait la lumière avec l'ombre, auquel on trouve un milieu qui unit un contraire à l'autre, fait paraître les figures rondes, et, selon le besoin, plus ou moins éloignées ; car le coloris ne

consiste pas dans le choix des belles couleurs comme
le croyent la plupart des gens du monde ; c'est-à-dire,
dans la belle *laque* ou le *carmin*, le *bleu de cobalt* ou
le *bel azur*, le *jaune minéral* mélangé avec l'*outremer*
pour obtenir un beau vert et autres couleurs semblables, parce que celles-ci sont également belles sans
qu'on les mette en œuvre. L'art du coloris consiste à
savoir les employer où elles conviennent. Il a peint
une *étude du portrait de* S. A. R. Madame, qui est
la perfection pour la beauté du coloris et la pureté du
maniement du pinceau ; on peut donc considérer
M. Gros comme le premier coloriste de l'Ecole française moderne.

Le tableau de *Didon et Enée*, par M. Guérin, est un
de ces ouvrages dans lesquels il y a de la poésie, de la
grâce, de l'art, et tout ce qui plaît et séduit ; je veux
dire qu'il y a concordance et harmonie dans toutes les
parties, et j'ajouterai que tous les ressorts employés
dans cette composition, vraiment belle et savante,
sont combinés avec la finesse d'esprit et le tact délicat
d'un peintre qui ne s'occupe pas uniquement de la
partie matérielle (1) de l'art. C'est ce que M. Guérin
a prouvé par ses expressions vraies, énergiques et
fortement conçues, dans le tableau de *Marcus Sextus*.

Quand on voit les formes et les grâces de Didon,
l'on n'est plus à Paris, on est à Carthage. Quel charme

______

(1) Je me sers de ce mot parce qu'il est reçu, et pour éviter une
périphrase.

dans la disposition générale du tableau ! Que d'aisance dans les groupes; que de vérité dans le coloris ! La beauté du ciel, la noble fierté d'Enée, l'air agaçant de la sœur de la reine, la naïveté d'Ascagne, tout est illusion, tout enchante et séduit. On rappelle ici que ce talent supérieur est sorti de l'école de M. Regnault.

Un autre peintre célèbre de la nouvelle École, qui a la grâce en partage, qui possède un dessin coulant, un coloris séduisant, beau et doux; qui, à tout cela, joint le charme du clair-obscur et des effets piquans, est aussi l'élève de David. Ce peintre étonnant, qui a fait renaître Corinne plus brillante et plus belle en la traçant sur la toile, c'est M. Gérard. Il est fidèle observateur des convenances dans la composition, et, en homme d'esprit, il a l'art de modifier son génie et son talent suivant le sujet qu'il traite. Je le comparerai donc à Albane, dans son tableau des *Quatre âges ;* à Corrège, dans celui de *Cupidon et Psiché ;* à Vandyck, dans ses portraits; à Titien, dans la peinture de *Corinne,* et à lui-même, dans l'*Entrée de Henri IV à Paris.* Je vais dire un mot de cet ouvrage, l'un des plus beaux produits de l'imagination dans l'art de peindre.

Le peintre avait à représenter l'époque la plus mémorable de la vie du grand Henri, son entrée dans la capitale de son royaume; entrée que lui disputaient l'Espagne, les Guises et leurs factions. Par précaution, le Roi s'étoit fait sacrer à Chartres, le 27 février de l'an 1594, par Nicolas de Thou, évêque de la même ville, parce que, disait-il : *Je veux ôter tout scrupule à mes sujets, et satisfaire à l'ancienne coutume des Français : que pour faire connaître de plus en plus au peuple que celui-là, quoique bien légitime, voulant monter au trône, doit être sacré pour prouver qu'il est véritablement persuadé de la religion de ses ancêtres.*

Depuis plus de deux mois tout était préparé pour l'entrée du Roi, qui l'effectua le 22 mars 1594, quoi qu'en aient pu faire les *Seize*, la garnison espagnole et l'ambassadeur d'Espagne. Le président Le Maître ; L'Huillier, prévôt des marchands ; Duvair, conseiller au parlement ; et Langlois, échevin, s'étaient entendus avec le duc de Brissac, gouverneur de la ville, pour en faciliter l'entrée au Roi, ayant promesse, dit Mézerai : *Qu'il ne serait fait aucun outrage à pas un des habitans de la ville, ni en son corps ni en ses biens ; qu'il leur donnerait une abolition générale sans exception aucune ; qu'il les prendrait tous en sa sauvegarde ; et, quant aux étrangers, qu'il leur accorderait vie et bagages sauves.*

Le Roi étant à Saint-Denis, rassembla ses troupes et se rendit à Montmartre, où le duc de Brissac l'attendait ; il se mit en marche et arriva à la porte neuve, tandis qu'une partie de la troupe gagnait la porte Saint-Denis. Il entre au milieu des acclamations et aux cris de *vive le Roi !* Il entre, et sur ses pas chacun se précipite, les bras des Parisiens lui sont ouverts ; on veut le voir, on se presse autour de lui ; les plus distingués de la ville sont à ses pieds, les embrassent, l'admirent et l'adorent. Son cœur est oppressé, ses yeux sont mouil-

lés de douces larmes ; pour la première fois il sent
l'amour de tout un peuple. Voilà l'instant que M. Gérard a choisi, et il n'est pas resté au-dessous du sujet....
Les groupes nombreux qu'il a distribués sur la toile,
avec l'intelligence qui lui appartient, indiquent parfaitement les diverses émotions que les parisiens éprou-
vèrent ce jour-là.

Le Roi, monté sur un cheval blanc, est placé au
centre ; Brissac, son guide fidèle, est à sa droite ;
Montmorency et Crillon tenant un drapeau fleurde-
lysé à la main, Sully et Biron l'entourent et lui servent
d'escorte, tandis que les échevins, prosternés, lui ren-
dent hommage et lui remettent les clefs de la ville.

Cependant, le duc de Bellegarde, placé auprès du
duc de Sully, apercevant plusieurs dames qui se présentent sur un balcon du Louvre, soulève la visière
de son casque et reconnait la belle Gabrielle d'Estrées.
Parmi les épisodes ingénieux dont M. Gérard a enrichi
son tableau, on remarque un vieux Français, mû
par un sentiment vraiment patriotique, qui lève les
bras et remercie le ciel de voir la fin des discordes
civiles. Sur le premier plan du tableau, on voit le
quartinier Néret, animé du même sentiment, s'avancer
avec ses deux enfans qu'il tient étroitement embrassés :
ils avaient veillé, tous trois, à la sûreté de la porte
neuve pour en faciliter l'ouverture au Roi, qui alla
droit au Louvre. En y entrant, il dit au chancelier :
*Dois-je croire que je suis où je suis! Plus j'y pense, moins
je le conçois. Il n'y a rien de l'homme dans tout ceci ;
c'est un ouvrage du ciel.* Le soir, soupant à l'Hotel-de-

Ville, comme il se mettait à table, il dit en riant : *Je me suis bien crotté en venant à Paris, mais je n'ai pas perdu mes pas.*

Le magnifique tableau de M. Gérard, d'une ordonnance noble, d'une composition savante et ingénieuse, à la finesse et à la vérité des caractères et des expressions, joint l'éclat du coloris et la fermeté du pinceau. A tout ce que je viens de dire de ce peintre étonnant, j'ajouterai qu'il est fidèle observateur des convenances et, qu'en homme d'esprit, il a l'art de modifier son génie et son talent suivant les sujets qu'il traite. Pour prouver à quel point le génie de M. Gérard est souple, gracieux et facile, je dirai un mot d'un dessin qu'il a fait pour orner la dixième églogue de Virgile, intitulée *Gallus.*

Gallus, abandonné par Lycoris, songe à fuir au sein de la retraite, pour oublier l'ingrate qui l'a trahi; mais il ne peut la bannir encore de son souvenir, et il forme, malgré lui, des vœux pour l'infidèle. Honteux de son amour, il veut, pour s'en guérir, se livrer tout entier au commerce des Muses, se retirer au milieu des forêts, gravir des monts inaccessibles, et déclarer la guerre aux sauvages habitans des bois. En un mot, voilà le sujet que M. Gérard a traité avec toute la grâce et tout l'agrément que l'auteur ancien, dont il a rajeuni l'ouvrage, lui a inspiré.

Parmi les artistes célèbres qui honorent aujourd'hui l'Ecole française, il est des femmes aimables qui s'occupent de l'art de peindre. On voit, dans les galeries de nos amateurs les plus distingués, les productions de

Mesdames Lebrun (Vigée), Vincent, Mongez, Lorimier, Lescot, Mayer, Godefroy, Jacotot et Chassieux, qui fixent l'attention des étrangers, et qui rivalisent avec les tableaux de nos peintres les plus habiles.

Après les Cheron (Elisabeth), et Rose-Alba, Mme Le Brun a obtenu les honneurs du siège académique ; les portraits de *la reine Marie-Antoinette,* de *Caillot,* de *Robert,* de *Paësiello* et de *la baronnne de Crussol,* qu'elle a successivement exposés au Salon, en laissant en arrière ceux des *Duplessis* et des *Rosseline,* ont obtenu des suffrages mérités. Le portrait du dernier roi de Pologne est un chef-d'œuvre de vérité, de dessin et de coloris, c'est la perfection ; et si Mme Le Brun, depuis ses premiers succès, a éprouvé des malheurs et des chagrins, son talent, rajeuni par la chaleur de son ame, enchante les jeunes gens, et étonne encore ses anciens admirateurs. C'est le sentiment que le portrait du général *Kœtloskai,* qu'elle a terminé il y a peu de temps, a fait éprouver à tous ceux qui l'ont vu. Je ne parlerai point de son esprit, de son amabilité, ni de ses grâces naturelles, cette tâche difficile, trop au dessus de la prose, me parait être l'appanage de la poésie.

Mme Jacotot consacra ses tableaux à reproduire, sur la porcelaine, l'image de nos grands hommes, ainsi que les plus beaux tableaux du Musée. On remarque surtout sa copie de la *Jardinière* de Raphaël, et les portraits de *Bayard,* de *Jeanne d'Albret,* d'*Anne d'Autriche* et de *Molière,* qu'elle a peints pour le Roi.

Le monarque éprouve du plaisir à les placer lui-même, tour à tour, sur une tabatière qu'il a fait faire exprès. Mlle Chavassieux a été chargée, par M. le chevalier Sommariva, de peindre, sur émail, les tableaux les plus marquans de sa riche galerie. Enfin, je dirai : chacune des dames que j'ai nommées, dans son genre, a montré des talens au-dessus de mes éloges.

L'École française n'a jamais eu de caractère particulier; elle tient de toutes les autres, disait-on dans le siècle dernier : mais renouvelée dans la totalité de ses principes par les premiers efforts de Vien, et fortifiée ensuite par la puissance des leçons de David, on conviendra qu'elle est sortie des limites ordinaires; qu'elle s'est fait un caractère vraiment national, qui la distingue de toutes les autres, et qu'elle est maintenant portée à un degré de perfection, même de supériorité, qui la place au rang des anciennes Ecoles romaines et lombardes.

FIN DU VOLUME.

TABLE

ANALYTIQUE

DES CHAPITRES.

———

FIN DE LA TABLE.